财富自由之路

ETF定投的七堂进阶课

徐华康 著

企业管理出版社
ENTERPRISE MANAGEMENT PUBLISHING HOUSE

图书在版编目（CIP）数据

财富自由之路：ETF 定投的七堂进阶课 / 徐华康著 . —北京：企业管理出版社，2021.1

ISBN 978-7-5164-2303-5

Ⅰ . ①财… Ⅱ . ①徐… Ⅲ . ①投资—通俗读物 Ⅳ . ① F830.59-49

中国版本图书馆 CIP 数据核字（2020）第 243738 号

书　　名：财富自由之路——ETF定投的七堂进阶课

作　　者：徐华康

责任编辑：李　坚　张　楠

书　　号：ISBN 978-7-5164-2303-5

出版发行：企业管理出版社

地　　址：北京市海淀区紫竹院南路17号　　　邮编：100048

网　　址：http：//www.emph.cn

电　　话：编辑部（010）68414643　发行部（010）68701816

电子信箱：qiguan1961@163.com

印　　刷：三河市东方印刷有限公司

经　　销：新华书店

规　　格：147毫米×210毫米　32开本　6.75印张　110千字

版　　次：2021年1月第1版　2021年1月第1次印刷

定　　价：58.00元

谨以此书献给总在出差途中问我投资问题的小姐姐们，这本书尤其适合包括你们在内的大部分散户朋友。

如果你对自己的交易能力极为自信，认为比身边大部分交易者都更能赚到钱，那么这本书不适合你。

这本书适合那些愿意用二三十年时间轻松简单地实现财务自由的人，而不是那些希望在两三年内快速实现财务自由的人。

大部分人之所以在投资中赚不到钱，是因为他总想做点什么，显得自己比身边的人都厉害。ETF定投基本展示不出个人的投资能力，它依赖的更多的是你的耐心、你的信心。

推荐序　老徐其人

方正证券股份有限公司　乌力亚苏

徐老师

老徐的父亲是诗人一信，和写《乡愁》的余光中是一代的。老徐要写文章讲个什么道理，非得编排在小故事里不可，夹杂着一些小情调、小暧昧。我猜这个风格是胎带的，他如果不干金融行当，应该是个职业文青。

一般大家都不叫他老徐，叫徐老师，因为在衍生品方面他已经“成精”了。以前香港的电影武打设计师特别佩服李连杰，因为他什么拳都懂、都会打。老徐在衍生品交易方面就有点李连杰在武术方面的意思，什么策略都知道，都用过。

刚认识他的时候，他偶尔提及自己是“金彝奖”得主，虽然当时没再说什么，但一刹那的微表情透露出他对此甚为得意。于是我专门打听了一下“金彝奖”是何圣物？才知道这是投资界的奥斯卡奖，规格高、分量重，授予最优秀的交易员。

既然担当了老师的称号，老徐就要经常地讲课、发文章、出书。近年，来北京发展的投资专家不少，讲起课来各个伶牙俐齿，激情四射。这方面老徐与身边多数交易员不同，有时候讲课、聊天，他会卡顿，他是在找词儿。你明显能感觉到他的精神世界里有一段心语，尚没有明朗成为语言，或者是用闽南话或英语储存的，这时候他就会不由自主地点脑门儿、搓头发，努力把合适的表达挤出来。

笔耕方面，老徐是我周围最勤快的一个人。书，来方正前出版过三本，来方正后出版过三本：一本是《期权基本款》，一本是《我当交易员的日子》，这本是第三本。除了出书，他还有个微信公众号，是讲专业期权交易理念和手法的，他更新得也频繁，很有一些粉丝。回应女粉是老徐最愉快的事情了。

FOREVER YOUNG

据说村上春树有这么一段话："那时候我突然发现自己已经二十岁了，这个突然的发现让我有点不知所措，在那之前，我一直以为十八岁之后是十九岁，十九岁之后是十八岁，如此反复。”我感觉老徐不理解村上春树为什么不知所措，因为他一直这么反复着呢。

他喜欢和年轻人在一起，年轻人也喜欢他。因为老徐从不和年轻人说教，更不会来PUA那套，他们共同的话题都是吃吃喝喝、玩玩闹闹。他也会讲一些荤段子，不过演绎的都冷得很，少数段子听不懂，多数段子不刺激，这方面他也赶不上一些交易员，好在他自己能陶醉其中。

老徐的衣服牌子不奢，款式挺潮，一般年轻人还真没他花哨。比如他穿七分裤，配皮鞋不穿袜子，他的同龄人肯定看不惯这种不养生的打扮：一来钻风二来磨脚，但年轻人懂他。

其实这些都是表面，真正把老徐的青春本质和他的一张老脸区别开的，是他的心！二十几年来的职业生涯并没有在那颗心上留下什么世俗的痕迹：他会很认真地和每个认识人打招呼；会在迪厅里嗨到把衣服甩飞；对办公室政治几乎没有概念；他也会郑重、对等地喝下每一杯敬酒，然后酩酊大醉。

讲究人儿

中华民族，礼仪之邦，我感受到的不多，特别在我国金融界，腆肚撇嘴、大呼小叫、横扫一切全无敌的做派更流行。但老徐是股清流，甚至是个礼貌机器，有说不完的

sorry 和谢谢，好像每一举一动都会干扰到别人。你送他点礼物，无论贵贱，他也会找机会回礼。

老徐这种对世事的歉意和回报的心态甚至延伸到他的交易中。他常说衍生品交易是零和游戏，他赚到的就是人家赔的，进而常叹息于衍生品界“割韭菜”之狠辣，常悲悯于小散之无助与无知。

老徐的夙愿是把他在交易室里练成的一系列专业套路广布天下。他有三句咒语，分别是“交易其实很简单”“想好你要赚什么钱？”“纪律！纪律！还是纪律！”，所有的套路设计似乎都始于这三句，终于这三句。他甚至把这三句话做成了表情包，准备向和他谈话的任何对手随时“发射”。在他看来，当有一天这三句咒语加持了所有的衍生品交易后，衍生品的天下就太平了，和谐了。近来他念叨最多的是用期权做 ETF 定投，谈到这个事，他颇为兴奋和笃定，觉得这个手法既简单又靠谱，关键是不会坑人。于是不久后，就有了这本书。

我常常在想：老徐，他似乎活出了一些人生真谛！

2020 年 12 月于北京

2020 年 7 月 23 日，北京，老徐的团队。左起依次为：刘安琪、何蕊、徐华康、杨雪、岳树帅、邬静

2018 年 12 月 30 日，和老婆楼怡婷在家中开的小小咖啡店

2020 年 7 月 11 日，上海北外滩访问交易员好友们。从左到右依次为：高明、刘杰、晏嘉琦，党玮睿、田宇正、徐华康、洪国晟、杨振坤、张雁婷、沈宗逸

2019 年 5 月 24 日，北京盘古大观。从左到右依次为：管旋、黄琳、庞志国、徐华康、尹俊、王康、贺云、岳树帅、杨东阳

2019 年 8 月 9 日，武汉团建。从左到右依次为：管旋、黄琳、谢钧、徐华康

2020 年 6 月 6 日，老徐“摆摊卖书”

自序

这些年在旅途中，很幸运地遇见了许多不同的人，有的人给了我很好的帮助，告诉我怎么在市场中赚到钱；也有人问我许多问题，要如何才能靠投资股票赚到钱？有的人直接就问我哪一档股票会涨，涨到什么价位？我很希望给他们一个完美的答案，能很简单并且能在市场上真正赚到钱的答案。

我觉得很难，三言两语说不清楚。

但答案其实很简单——“定存 ETF”。

2020 年 7 月，我和出版社的李坚老师说了这件事，我们讨论了好久，问了社内刚毕业的小姐姐，也在不同地方问了一些年轻朋友如何理财。大家渴望财富自由，却又不得其法。股票市场普遍被认为是个危险的地方，背负着割韭菜的恶名，而期货市场就更不用说了。比特币、P2P、余额宝、现金存款、银行理财产品或其他朋友告知的网上各种理财方式，在新一代年轻人中间大行其道，不禁让人惊讶且捏了一把冷汗，感叹世道竟已变化至此。我们花了几天的下午，几经讨论，不断地反复修订要说的内容，又经过数月的写作和反复修改，才终于有了这本书的诞生。

我们都是打工人，没有办法像那些私募大佬、专业人士或基金经理，有那么好的市场知识，能在市场轻易获得丰厚的利润，但这并不代表普通人永远没办法赚钱并获得财富自由，而普通人在能力圈内最好的办法只有“定投”，当然我个人更喜欢“存股”这个名词，它更能代表在通往财富自由道路上要做的事情。我自己走过那么多错的路，绕过那么多的弯，才知道了赚钱其实并没有太多的快捷方式。很多人都知道这个事实，也知道应该这么做，只是他们更希望能发现一条更快更好更近的道路。身处信息快速传递的现代社会，同时也出现了太多光怪陆离的“路标”，常常引导不同的人去了一个又一个的死胡同。在成本不太高的时候，很多人也轻易地去尝试了我以前走过的弯路，蓦然回首，才知伊人早在灯火阑珊处，或许只有自己亲身经历才会相信那条路是行不通的，但是我仍要尽良知与义务，再苦口婆心地说一回。

“定投实在太慢了！”是我听到次数最多的话。信心不够、贪婪、恐惧则是无法达到目标的主要障碍。在未来相信你一定会遇到这些困难，这时希望你能回想起这段文字，并努力去克服它。我问了无数人，绝大多数人相信未来数年的指数会有比现在高的时候，但却鲜少有人愿意去做自己认为确定的事，反而去追求那些报酬不确定、风险不确定的交易或投资，或许人性本就如此。但我希望你在读这本书的时候能够意识到这一点：愈确定的事，才可以投入越多的金额，那么百分百确定的事，我们就可以使用杠杆了。所以我们在第6章，建议有一定基础的朋友可以使用较低的杠杆，让“定存ETF”这种确定会赚钱的事，能稍微加快一些速度，早点达成财富自由的目标。

书的内容，我希望能尽量写得简单、易懂、且易于阅读，所以采用了一个完整故事的形态来说明这些投资原理及逻辑。静静和小刘都是刚毕业没多久的年轻人，而现实生活也确有其人，他们的疑问，也是现在绝大多数年轻人的疑问。现在他们已经开始“定存ETF”，并且已经开始获利了。但也如同书中所说，刚开始的获利反而是定投中最不重要的，权益的累积速度才是胜负的关键，若能连续亏个几年则是最幸运的开始，希望他们和读者一样能够体会到这一点。

最后，衷心希望在这些年我遇到过的人，或认识或不认识的人，都能加入“存 ETF”的行列，这本书真心为你所写。投资就如巴菲特所说的，做自己能力圈内的事，将别人已成功的事再做一次，做确定的事……只要相信并开始做，财富自由已经在路上等你来到。

本书得以完成，感谢李坚老师、张楠小姐姐、还有邬静的帮助，如果没有你们这本书绝对没有办法完成。也感谢方正证券的领导与同事在这段期间给予的协助与包容。当然，还有我一路上遇到的各位兄弟姐妹们，谢谢你们的问题和建议。

2020 年 12 月于北京

目　录

引子

那一年股市的震荡可能给很多股民都留下了极为深刻的印象。强行压下心底的不安等待许久，手机屏幕上仍然是绿油油一片，他们不禁想，股票怎么可能这样下跌呢？这跟想象中完全不一样，明明前几天还涨得好好的。那时候每天早上股市开盘后就像一场清醒的噩梦，人们心中只希望能一早收盘，因为那可能是股票唯一不会下跌的时间。很多人当初不过是想买几手股票补贴收入，想不到一下子连过去数年存的钱都赔了进去，他们现在面临的情况是，要不要割肉？再不割或许连骨头都一点不剩了。

大理的早春虽乍暖还寒，但已是鸟语花香、春意盎然了。

静静出站时天色还亮着，夕阳暖融融地照着客站广场，相对旺季来说此时的旅客已经少了很多，但依然三五成群，熙熙攘攘。

静静拖着行李走到一个穿着棕色皮衣黑色长裤的中年男人面前，他手上举着硕大的写着她名字的立牌。

老陈看着靓丽的女孩子咧嘴一笑："林静小姐是吧？"

"嗯，您好陈师傅。"静静在他身侧站了一会，老陈却没有半点要出发的意思，而是扬头翘脚地向出站口张望。

"师傅不走吗？"

"哦我们等等，还有个人。"老陈举了举被身体挡在另一侧的立牌，上面写着刘小天。

静静坐飞机到昆明又坐火车转大理，一路舟车劳顿，身心俱疲，只想赶紧安顿下来好好睡一觉，于是问道："是和我一趟车吗？"

"是的，应该也快出来了。"老陈递给静静几颗独立包装的洱宝话梅，"小姑娘打算在这待几天？"

静静拆开包装把梅子塞进嘴里，酸酸甜甜的味道在舌尖漫延："谢谢您，大概，一周吧。"

等待期间，她目光呆滞地坐在行李箱上看着来来往往的行人，手脚耷拉宛如没有人控制的提线木偶，大脑内部却难以控制地卷着风暴，想起最近的倒霉日子：冲动入手的股票满盘皆绿，原本就没多少的积蓄一夜亏到解放前，直播间的粉丝直线下降，家里又催着她回老家嫁人……

在大城市打拼几年却好像什么都没剩下，她真的怀疑起自己还要不要坚持下去。

这些悲催的昨日回忆完，静静又怀着一丝侥幸摸出手机，打开那个放在最醒目位置的APP，然而昨日收益依然是负，希望再次落空。她锁起屏愣了一会，然后终于想起自己来到这个城市的原因，抬头想看一眼这个声名远播的陌生城市转换心情，却只看到成群的旅客和黯淡的天空，太阳落山以后，衣服开始禁不住逐渐加重的寒意。

静静站起来用力跺了跺脚，也没能驱散从四面八方侵入身体的料峭春寒，看了眼手机她已经在这等了十几分钟，心里的烦躁几乎要压不住："他还没来吗？"

"说正出站呢，"老陈刚挂电话，冲她摇摇头，"你俩一趟车咋差这么长时间呢。"

大概又过了十分钟，静静原本就极少的耐心消耗殆尽，一度想直接自己走算了，这时那位据说跟她同一趟车的小刘才姗姗来迟。

男生年纪不大，眉清目秀，戴着黑框眼镜背了个瘪瘪的包，整个人也像瘪了气的皮球，一副生无可恋的样子。

"不好意思久等了。"小刘推了推眼镜强打精神跟二人打了个招呼。

"真的是久等了。"静静毫不客气地加重了"久"的语气。

“抱歉。”小刘面无表情地道了个歉。

这个态度让静静气不打一处来，梗着脖子就想跟他理论。

其实放在平时以小刘的性格，给别人添麻烦他肯定态度诚恳又端正，但刚刚被分手心情本就极为不好，加上长时间旅途疲倦，他此时实在没心情与人为善。

“走走走，回家！”老陈看气氛紧张赶忙打个圆场。

一路上老陈介绍了几句客栈的情况，说店里有个温柔漂亮又能干的前台小姐姐和极其厉害却低调的老板，现在旅游淡季，客栈这几天只有他们两个客人，所以会住得特别舒服，既然遇上都是缘分大家好好相处。说着通过后视镜瞄了一眼二人，暗示意味明显。出于礼貌，静静和小刘嗯嗯啊啊不走心地回应，脑子里想的都是自己的事。老陈一个人絮絮叨叨完，车里就陷入了沉默，安静封闭的空间里，静静手机的消息提示音显得格外欢快。

窗外黑魆魆的，不断被抛在后面的路灯在车内投下一串串暗影。小刘闭眼假寐，很努力地让自己心平气和，然而刚刚忍过老陈的絮叨，现在旁边手机一刻不停的叮叮咚咚声简直要让他一夜没睡的头炸开。

兔子被逼急了也是会发威的。

“你能不能安静会儿？”小刘话说出去觉得自己好像从来没有这么硬气过。

静静飞快回消息的手一顿，气极反笑，也不用思考怼他的话就脱口而出：“要不是您一直不来他们会这么催我吗？”

用的尊称不但没有一点客气的感觉，反而讽刺意味十足。小刘噎住，自知理亏不再说话，戴上帽子遮住耳朵。

静静堵在心口的气终于发泄出来，然而再一想自己简直幼稚得离谱，暗戳戳地又把手机调成静音。

不多时，老陈的车稳稳地停住，拉开车门，一幢装修得很有格调的二层小楼出现在眼前。

“您好办理入住吗？身份证出示一下。”前台的小南起身迎接，笑容甜美，手脚麻利地为二人办理了入住，“旅途愉快哦。”

“谢谢。”静静和小刘异口同声。

“两位很有默契呢。”小南抿嘴一笑。

“才怪。”两个人腹诽，道不同不相为谋地在楼梯口分道扬镳。

客栈的回廊上装饰着小灯，楼下还有个花木葱郁的小院和流水游鱼的池塘，安静得让人不敢高声讲话，一切都舒服极了。

房间很宽敞，布置也温馨，但房客显然没什么心情欣赏，行李被胡乱地摊开在地上，人也胡乱地躺在床上。静静努力清空杂乱的思绪让自己入睡，但脑子里各种声音吵吵闹闹让她不得清闲。

“早说让你踏踏实实赚点钱，做了什么主播不说，还非要碰股票，这是我们老百姓能做的吗，现在好了吧！”

“一夜暴富那是你该想的事吗，回老家有什么不好？”

“到了年纪就该嫁人了，不然以后有你后悔的！”

进股市买股票都是为了更好的生活，而且听专家说明明就是入场的好机会……为什么反而会赔钱？我怎么这么倒霉！现在全部抛掉是不是更亏？

结婚只是因为到了年纪吗，不结婚我自己就不能过了吗？

为什么人生的各个阶段总有各种各样的烦恼和选择，心头的压力很少真正减轻过。

想要的太多，能做的又太少。

静静睁开眼再次打开 APP，看了看自己持仓股票的走势，高点买入的股票现在几乎跌到谷底，行了，更睡不着了。

“你先去好好休息一下别想了，回来再说，万一涨上来了呢。”

朋友的劝慰还躺在聊天界面，算了算了，先休息吧，苍山洱海，多好的散心机会是吧。静静拽起被子蒙住脑袋。

可是房东催交房租的消息一样躺在聊天界面，经济压力像厚重的被子一样让她喘不过气。

瘪气皮球小刘也在房间辗转反侧毫无睡意。

前女友的话仿佛响在耳边：“我那个大学同学炒期货赚了几十万！我们每天靠那点死工资怎么在这种一线城市生活？”

“谨慎谨慎，我看你是太保守了。”

“不愿意承担一点风险就永远赚不到大钱。”

我还不是为了稳定吗，期货炒起来风险那么大，稍有不慎就血本无归。我不想赚钱吗，可是收益越高风险越大这个人尽皆知的道理……

长期从事财务工作和个人性格使然，小刘的行为处事不敢越雷池一步，即使也做了一些相关功课，但几乎每次想做一些高风险投资的尝试都因为担心亏本而告吹，直到现在积蓄的大部分还是在买银行的定期理财。

最近股市的行情他也略有耳闻，一边庆幸自己没有盲目入场，一边又觉得自己真的错过了很多赚钱机会。

退一步靠微薄的基本工资和低风险理财，日常生活拮据，买房买车无望，女友也因此弃他而去；进一步迈入股市，工作之余还要兼顾交易，风险深不可测，本金收益难保。

我到底该怎么做……

心烦意乱难以入眠，小刘按亮手机，凌晨三点。

“您好？”深夜看店的小南依然元气满满。

“附近有什么喝酒的地方吗？安静一点别太吵的。”小刘面容憔悴，重重的黑眼圈让他看起来像个熊猫。

“这个时间应该没有了呢。”

“那你家卖酒吗？”静静也失眠下楼，正好听到了他们的对话。

“不卖酒哦，但是我可以去问一下老板有没有存货。”

“这个时间会不会很打扰？”小刘看了一眼时间有些抱歉。

“不会的，老板是夜猫子。”小南俏皮离去，留下静静和小刘肩并肩站在柜台前。

“你也睡不着啊？”不知道是不是夜里太安静，晚风太温柔，院子里传来悠悠的花香让静静收起一身的刺主动开口。

“嗯，”小刘捏了捏眉心，侧身面对静静却又不敢正视女孩子的眼睛，“今天心情不好，抱歉。”

静静被道歉得猝不及防，突然就不好意思了：“没事，我是挺吵的。”

客客气气地说了几句话，两人的气氛缓和不少，然后就听到闷闷的脚步声，抬头看，小南身后跟着一位中年男人，中等身材，步伐稳健，相貌平平，唯有一双眼睛锐利如鹰。

“二位慢用，不要贪杯。”老徐放下两小壶酒话不多说，飘然转身离去。

“神神秘秘的，”静静看着他的背影忍不住嘀咕，“但是……”

“看起来很厉害的样子。”小刘说出了她的心声。

即使下午闹过小小的不愉快，但同在旅途异乡，年纪相仿，是这家客栈唯二的客人，又难得深夜相聚，加上静静本就开朗外向大大咧咧，小刘虽有些腼腆但待人接物倒也客气周到，天时地利种种因素交织在一起，两个人结伴对饮，酒杯清脆地一碰，顺理成章地冰释前嫌。

谈到彼此的职业，静静说自己是个过气的网红主播，入行时一帆风顺，但最近几年从业人员接近饱和，粉丝数大幅下降，收入反复跳水，眼看朝不保夕。

小刘是个财务工作者，收入是稳定，但三年只涨了几百，这几年物价飞涨，工资涨幅跑不赢通货膨胀，只勉强够温饱而已。

生活艰难，不胜唏嘘，静静和小刘苦笑着碰杯。

而当两人谈到彼此来大理的原因，他们不约而同地选择了一个中性的理由——散心，决口不提各自的狼狈，比如赌场和情场的失意。

两壶酒喝完，两人也有了睡意，各自回房前静静想给自己找个同行的伙伴，于是问小刘："明天一起去洱海吗？"

"好。"小刘没有拒绝。

1

你想赚什么钱？

事与愿违，第二天的洱海之约却没能顺利出行，淡季人少但旅游团也少，他们两个琐事缠身、神思恍惚，都没有提前预订，刚巧那天附近口碑好能联系的环洱海团都满员，想蹭客栈老陈的车，他也出门办事。

在小南的建议下，两个人先去古城，因为客栈就在古城里，出门时静静只背了一个链条小包，小刘更是两手空空格外潇洒，与昨日大包小包的行李形成了鲜明的对比。

当赫赫有名的大理古城牌匾映入眼帘，静静忽然就想到了段誉他爸的风花雪月。

天高云淡，行人稀少，眼前是古色古香的青石板路和木质楼宇，远处是雾气环绕巍峨壮美的苍山，心情不觉舒畅，尘世的烦恼也都先抛在脑后。

洱海鱼、凉鸡米线、雕梅扣肉、烤乳扇、烧豆腐……一天的吃吃买买逛逛。

他们的口味类似，合伙吃饭很愉快，但购物时的消费观却呈现出两种极端的状态。静静遇到感兴趣的直接付账带走，几乎不考虑自己是否真的需要，在景区买是否划算，典型的冲动消费重度患者，但不得不说，这样确实给了她一时无忧的快乐，用中国的老话说，“来都来了”；小刘遇见感兴趣的东西却要货比三家，有时甚至不嫌麻烦地先去网上搜一下，最后竟然发现同样的东西网上有售而且将近便宜了一半的价钱，太理性旅行的快乐反而少了一些，但同时，事后清点回顾对冲动消费的懊恼也会少很多。

人与人的差异还真是在方方面面，他们都这样想。

由于昨天旅途奔波，夜里又胡思乱想也没有休息太好，逛了一天下来静静的腿就像灌了铅，小刘见她奄奄一息又强打精神的样子暗自好笑，主动拿过她手里大大小小的购物袋，静静筋疲力尽不再推辞，解放双手之后把自己单肩的包斜挎来背，揉了几下酸痛的肩膀，再一抬头就看到朦胧夜色和点点灯火中小刘的背影，忽然觉得这个人还蛮可靠。

静静笑嘻嘻地大步追上小刘：“谢了啊。”

“不用谢。”小刘侧头看她，夕阳的余晖下，他忽然就被女孩子甜美的酒窝晃了眼睛。

静静没有精力，小刘没有兴趣，所以最后两个人的古城之旅没有打卡有名的酒吧街，傍晚时分便早早回到客栈。

客栈里，刚煮好茶的小南邀请静静和小刘一起品茶聊天。一楼不大但温馨的空间里，灯光昏暗，音乐轻缓，茶香四溢，很容易让人卸下全身的防备。静静瘫在柔软的沙发里休息了一会，眼神乱飘看到边柜里的《股票大作手回忆录》时却瞬间烦恼回笼，忍不住又摸出手机点开 APP 看了一眼自己的账户，仿佛多看几眼结果就会有所改变一样。

“嘭”，小刘被静静大力的捶桌子声吓得手一抖，茶水洒到衣领上。

“怎么了？”小刘放下茶杯抽出一张纸巾。

“没事……”静静强颜欢笑，打肿脸充胖子。

小刘隔着桌子看到静静手机屏幕上花花绿绿的曲线，猜测道：“你这样，不会是赔钱了吧？”

“……”静静噎住，不甘示弱道，“那你这样，不会是失恋了吧？”

“……”小刘张了张嘴，最后还是选择沉默，再次拿起茶杯喝了一大口，绿茶生生喝出了老白干的气势。

静静口舌之快逞完，戳中别人的伤心事自己也略有尴尬，自顾自倒满了一杯茶强行跟他碰杯：“同是天涯沦落人！”

小刘将手中的茶水一饮而尽，懒得纠正他俩的“沦落”其实并不相同，半晌又想起什么，试探着问：“那你买的什么股票？”

“就那个贵州百灵、中芯国际、ST 银亿、南京熊猫啊。”静静亏得一塌糊涂也没什么可隐瞒的，“之前很热门的。”

“这几个风险应该都还挺高的吧，”小刘略一思索，“你研究过 K 线和基本面？”他一直在股市的边缘试探但从未涉足，打算就此取取经，即使静静的“经”有点一言难尽。

“K 线我不怎么会看，还有什么面？”静静挠挠耳朵一头雾水。

“基本面。”小刘口齿清晰地重复了一遍。

“那是什么？”静静满脸写着茫然。

“……基本面都不知道你就敢直接买股票？”小刘几乎要被她的天真打败了。

“我听专家说这几只会大涨，就赶紧买了……”这样一说静静也觉得自己冲动又白痴。

“那怪不得被割韭菜啊……”小刘喃喃。

“我也是想快点赚钱啊，这想法有错吗？”静静不服气。

“没错是没错，但应该从长计议，考察清楚。”考察清楚之后就发现自己的风险承受能力根本无法接受股票的大涨大跌。

“我有那个本事？”静静倒对自己认知得很明白。

“没有研究能力又想赚大钱，这就很矛盾啊。”

“那我还能怎么办，本来想这么多钱投进去赶紧捞一笔就走，没承想越套越深……”主播这碗青春饭她快吃到头了，总要给自己想条后路，只是没想到专家的话好像不怎么可靠。

“我想赚钱……”静静仰躺在沙发上仿佛被抽掉了灵魂，她觉得关于赚大钱这件事自己应该有很多事情要思考，但是大脑却一片空白，不知道从何思考起。

“你想赚什么钱？”吧台后默默擦杯子存在感相当微弱的客栈老板老徐忽然开口。

静静愣了一下，适应老徐的存在后不解地想，赚钱就赚钱，还分赚什么钱吗？但老徐目光灼灼，无形的压力忽然就罩到她头上，让她有了一种上学时被老师提问的紧张感，于是硬着头皮试探性地开口：“大钱，赚完就能辞职不干的那种？”

老徐微微一笑，“赚大钱”这个朴素的想法人人都有，但他这个问题的本意并非侧重于“钱”的多少，而在于“钱”的方向：“赚钱之前先要弄明白自己想赚什么钱，就像不管去哪都要先有一个方向，那我们换个说法，你想赚投资的钱还是投机的钱？”

“投……资？”静静其实并不确定，但她觉得自己这么辛苦盯盘又花大价钱听专家课，耗费了大量的时间和精力，这应该是一种投资行为吧？而且“投机倒把”怎么样都不像一个褒义词。

“投资和投机有什么区别吗？”小刘也有些迷茫。

“比如你们可以回想一下自己的行为，不管是买股票，买房，还是去投一家你看好的商铺，”老徐循循善诱，“有没有计划？是有自己买进卖出的一套逻辑和系统，还是说只是在预测行情的涨跌？”

我觉得要上涨就大肆买入，觉得要下跌就立刻清仓。静静心里默默地想。

老徐看她的表情就知道了答案：“计划性是投资和投机的一个区分点，因为投机常常是为了做市场，临时性和随机性更高，一致性和确定性较低，所以做投机时我们往往会肩负比较大的风险，去博取一些比较大的利润。极端来说投机可能就是赌博。”

小刘不由深吸一口气，脑子里浮现出一群人摇骰子被警察抓起来的画面。

老徐怕自己吓坏小朋友，马上补上一句：“或者可能不是赌博，但是是没有计划地去做一些事情。相比来说，投资的话不管在资金方面、风险方面，或者在其他方面，可能会多一些考虑，包括适当地管控资金，去衡量确定性以避免一些破产风险。其实投资和投机的界限有时也比较模糊，比如说一个纯粹的中短线交易者可以有一个极为明确的交易系统，进出场都严格遵守，那么首先他有计划性，会耐心等待价格进入他交易系统的计划区间，还会有一个合适的止盈止损位置。而从确定性上来讲，很多技术性的交易者，他们可以通过过去 10 年甚至 20 年的数据来回测，那么从概率上来讲他们也具有一定的确定性。"

静静努力在听，似懂非懂，交易计划和止盈止损是她从来没有考虑过的事。

"那是不是也有这样的情况，一笔交易可能的确是投资的特点，但是再细想可能还有一些投机的成分在里面？"小刘的思维跟得很快。

"没错，"老徐肯定道，"从这方面看投资和投机对比确实不是特别明显，容易搞混，因为专业投机者有时也在投资。二者的区分还有一点，频率。"

"投资的话会频率一般不会那么高？"静静觉得这题她会。

"是的，除去股票，其他的比如房地产、债券，或是天使投资，投资一家公司或者自己开一家店，资金投进去之后不会频繁地更换投资的店铺。所以我觉得频率、进出场的时间点应该也是一个很重要的区别。不知道你们有没有听过巴菲特的一句话，‘我最喜欢持有一只股票的时间是：永远。如果你不愿意拥有一只股票十年，那就不要考虑拥有它十分钟。’我觉得可能这个更符合投资的理念，因此我可能把看到的一些散户的行为归类为投机。”

说完老徐和小刘同时看向静静，静静抬头看天……花板。

“所以想赚投资的钱，要有计划，想赚投机的钱，要有本事。”

小刘和静静深以为然，各自垂头思考。

话说完了，老徐手中的杯子也擦完了，他解下围裙转身上楼，大有事了拂衣去深藏功与名的架势。

老徐上楼的脚步声将小刘拉回现实，看着老徐离去的背影，他觉得自己心中的疑问不但没有减少，反而像开瓶后的汽水泡沫，越涌越多，但他张了张嘴看着老徐走远最后什么也没说。小刘低下头无意识地来回翻转手机，不知为何，他忽然预感此行可能不止是一场普通的旅行散心，同时又好奇这个客栈老板究竟是何方神圣。

老徐的故事　投资与投机

“我不知道你是怎么想的，但我所知道的许多人是这么想的，我当年进入市场是这么想的。”

还记得第一次如何进入投资世界的吗？听到那些从来让自己看不起的朋友谈到进入股票市场，在短短一个月的时间，投入的2万元很快变成3万元。看到身边的朋友，每天1000元、2000元的赚，买入卖出就能够赚钱，看起来很轻松容易。心中想着：“他这样的程度都可以这样的赚到钱，如果是我的话，一定可以做得更好。”

当时进入股票市场就是这样想的：“这种事没什么困难，看看报纸上的新闻，每天股票好像都在涨，就算今天没涨，迟早都会涨，没有理由赚不到钱。”

虽然买什么股票也不是一个很难的决定，当时我的选择逻辑是这样子的：“以前地产股的价格很高，以后应该也会有机会涨回去，就算涨不回去当时的高价，只要涨过去的一半，也够我赚的了。”以前涨得最好的股票，变成现在决策的首选，错误的开始，往往有一个不怎么美好的结束。

所以就选择先前曾经价格高达120元/股的地产股，

然后就是漫长的等待和等待……

事情跟你想的完全不一样。

1996 年史诗级的大牛市中，一波过去，依然会让你无法赚到钱。

这种情况下我经历过不止一次的挫折，也许我比较笨，或是比别人更不信邪，以至于会有如此漫长的学习过程。

为了更了解市场的交易，我进入金融业，当时行情正热，我投了数十封履历表，虽有不少的面试机会，但由于不了解市场，一直无法进入证券业。当时正好成立了不少的期货公司，经大嫂的介绍，我进入了一家期货公司担任研究员的工作，一头栽入了正在起步的衍生品市场中。

在商品期货中，似乎也有着不少的机会，这深深吸引着我，或许这是一个比股票市场更好的机会。

1996 年底，日本橡胶价格已经跌到历史低点，价位达到 98 日元 / 吨，同事告说我，这价格不可能更低了，他说了一句让我永远不会忘记的话：“你觉得橡胶的价格会比矿泉水还便宜吗？”我下意识地回答说：“不可能！”既然不可能，那为什么不买呢？

我把前几个月拿到的薪水尽数投入买入橡胶期货，结果却令人难以置信，橡胶期货的价格竟一路下跌到 73 日

元 / 吨，令人不可思议的价位。

1997 年的春节我几乎食不下咽，每天希望橡胶的价格能立即大幅反弹，让我解套，但市场却总是听不到我的祈祷，持续走向我最不愿意看到的方向。在农历春节还没过完的情况下我已不堪损失而全部被强平出场。

很不快乐的春节，市场的残忍深深地打击着一位对未来充满希望的年轻人，我永远记得那年春节的惨剧。在 2020 年 3 月时，我再度听到类似的言论，原油有可能比农夫山泉的价格还便宜吗？用你的大脑去想一想，这价格合理吗？当我听到这言论时，我已不想做任何的解释，当期货价格在跌的时候，成本与所有想象的支撑价位都变得不堪一击，任何理由都无法让你赚到一毛钱。这是我学到最珍贵的一课。

在股票市场，我也学到珍贵的教训。其实我在很早的时候就知道低买并且累积股票权益是一件重要的事，但是执行力及受外界干扰的定力确实太弱，让我没有办法及早在资本市场赚到钱。

1999 年那年我和老婆结婚，靠着份子钱，我拿到了第一桶金，亲戚朋友多在某些时刻是件幸运的事。金额虽然不多，但却是我一年的薪水。

我开始慢慢地去买我们证券公司的股票。我运气不错，赶上了网络泡沫前的大牛市。我在 10 元至 6 元间买了近 50 万元的股票。

2000 年初，股价已涨至 15 元附近，短短半年间我获利已经翻倍，按照当时计划，我要获利了结了，但当时公司突然召开全员大会，会中公司不断地重申前景良好，目标价格有机会涨到 25 元以上，甚至上看 30 元以上，我鬼迷心窍地又觉得是千载难逢的机会，透过我的游说再向亲朋好友借钱投入，准备再大赚一把。

2000 年 3 月中旬，随着网络泡沫的结束，所有股票都开始下跌，但我却信心十足地相信老板说的话，不断地投入资金，结果股价一路下跌，从 15 元一路跌到我从来没想过的最低 2.5 元价位。

在下跌的过程中，因为受不了亲朋好友不断的询问，只好在 5 元左右全部出场，为了偿还亲戚朋友的钱，我不仅赔光了第一桶金，也欠下了生平的第一笔债，在接下来的数年，只好慢慢地还债。

一切的原因都是不透过自己的分析，只为了相信一句不切实际的预言。

“千万不要相信市场上任何的消息及预测，甚至是公司老板的话。”这是我在市场上学到的真理。确定的事，却没办法执行，不确定的事却又太过于执着，到最后两头空空，从头再来，时间又被错过。

2002年我进入了自营部门，专门负责衍生品的交易，当时部门仅有2人，我和我的中学同学，他从股票的自营部门转调过来，他是我的老板，我们一起交易公司的自有资金，期货及期权是我们的交易目标。

幸运之神开始站在我这边。或许是公司制度的压力，也或许是相互监督的缘故，为了不露出我的缺点，交易开始变得自律，有规则，而交易的情况也变得好起来了。我们对于行情的预判不见得多准确，但对于止损却十分严格，所以获利也蒸蒸日上，成为公司当时的当红炸子鸡，年轻有为又帅且又会交易。

2003年至2005年，由于帮公司赚进了大把的钞票，我也一路晋升，不但拿到了金融界最高荣誉的金彝奖，也在35岁之际升至公司资产管理子公司的总经理，成为当时最年轻的高管，而同学也升至证券公司的执行副总裁。

“春风得意马蹄疾，一日看尽长安花。”

风险永远在旁边等着你松懈，然后在你最不防备的时候给你最致命的一击。

2007 年的大牛市，让大家都失去了戒心。那几年赚了钱，总是澳门、东莞、香港来回游玩，那是交易员的黄金时代，没有经历过，永远不知道灯红酒绿、夜夜笙歌是什么样子。你去过太子半山酒店的选秀？去体验过澳门一掷千金的感觉？周末去香港半岛酒店喝个下午茶？晚上回到台北林森路的制服店？

我们穿着 BOSS 或 ARMANI 修饰合身的西服，法式翻领衬衫配上袖扣，才显得像金融界的精英。我们以为自己已经掌握了交易的精髓，永远不会再亏钱，反正自动提款机就在身边，如我同学那时所说的：

“钱不够，再进场搞几百张期权就好了，有风险？对冲不就了事了！”

交易如此容易，却也让我更接近悬崖的边缘了。

2007 年 7 月份，股市来到了 7 年来的高点，美国次级房贷风暴席卷全球，股市纷纷重挫，当天股市开盘即重挫 3.5% 以上，卖出跨式（straddle）或宽跨（strangle）的投资人完全没有逃生或止损的机会，太重的仓位代表着过多的风险，衍生品的风险在行情变化快速的时候风险还要加倍，开盘若没有立即止损，损失比开盘还要多 3 倍。7 月 27 日当天部门损失高达 2 亿元，是部门成立有史以来最大的亏损。在此之前，部门获利才爬上平均每年一亿元，而一天之内，我们就损失了两年能够赚到的钱了。

不尊重风险者，有一天一定会被市场教导如何尊重风险。

风险控制是个头痛的问题，你要赚到钱，但是在风险可控的情况下，总是赚不够钱，这就像一个双刃剑一样，有一好，就没有两好。2007年之后我陷入了风险与获利的两难决策。仓位太小赚不到钱，仓位太大风险太高。这时候身边开始流行T+0的交易：当你持有仓位的时间愈短，你的风险愈低。

由于金融海啸的原因，股市的波动很大，市场造就了很多短线投资的大神，透过短期不断止损与加码的方法，创造了惊人的获利。我研究了他们的方法，自己也一头钻进去研究，我知道他们怎么做，但是却做不到，获利可以，但是赚大钱，却万万不能。我丢失了自己的交易方式，进入了另一个完全不同的领域，获利却与他们天差地远，我迷失了自己，觉得自己不会交易了，像一个刚入行的新人，进退两难，徒有名声但账目上的数字却远远不符。

当你知道的愈多，却愈迷惘。

在多次的磨炼中，我慢慢地了解到，风险与获利是一体两面，风险愈高的，获利通常会比较高，而风险愈低的，则报酬会愈低，所以在风险高的投资中，仅能投入较小的资金，尝试获取较高的报酬，而风险较低的投资中，可以投入较大的资金，获取稳定的获利。当时我以为我是了解的，但现实并不是。我以为的跟我想象的，跟最后呈现的结果仍然有很高的不确定性。

例如在2012年，我大舅子上班的公司上市，他跟我说在未上市市场买入，至少可以赚个3倍以上。我请了公司的研究员实地调研，确实可能性很大，我用了50%以上的资金买入，确实赚到了3倍，但最后公司却上涨了6倍以上，涨幅比想象更大。

图 1.1　大舅子工作的公司月 K 走势图

2013年，大姨上班的公司上市，她说股票上涨至少2

倍以上。幸亏因为当时的医药类很火，上市价格太高，我没买入太多，否则价格上市后一路下跌，曾经跌到仅有上市价的20%，我可能会亏得很惨。

图 1.2　大姨工作的公司月 K 走势图

2014 年同学跟我说，他的好友告诉他某家公司大资金会进来，最多两个月，进来后短期之内一定会翻倍。他说得神灵活现，不仅时间价位都明白地说了，甚至要向我融资 200 万元去投资。我同学就是当年一起在衍生品交易部门共同打拼的，且他先前就是证券公司的执行副总裁，他说的话总比大舅子或大姨靠谱多了吧？我把能使用的资金全数投入，要暴富全看这一次，结果买入后是历史的最高价，5 年多过去了，股票仍然没有起色的机会。

图 1.3　同学推荐的公司月 K 走势图

在这个行业，机会太多，诱惑太多，不管是亲戚、高管同学或是公司老板，任何人给你建议时可能并无任何的恶意，他自己也投入了不少，但是你的认知会让你自己犯下初入行所犯的错误，而且会一犯再犯。有许多你认为确定的事，事后来看，不过是一个随机的概率过程。

这么多年来，从股票到衍生品，除了纯粹的套利交易确定性较高外，只有指数在过去十几年来是一直向上的，只要指数够低，把时间拉长来看，到后来总是上涨，没有例外，接下来只是时间问题而已。

基金定投是最容易达成这种模式的方式，在指数较高时买的较少，在指数较低的时候买的更多，要赚到足够的钱，只是时间问题，虽然早就知道，但是没有耐心去做。在自己的资产上，想要快速地赚到钱，但最后总是事与愿违，唯有一步一个脚印地慢慢去实践才是真理。

由于常常要拜访客户，也认识了一些因投资致富的客户。

“我在确定性较高的套利交易上看到了致富的机会。愈确定的事，投入愈大的资金。”我听着这个徐姓老总侃侃而谈和我说着当年的事，“2012 年做国债正回购，用了数倍的杠杆，2014 年沪深 300 股价指数期货（IF）明显高于沪深 300ETF 有 2% 以上，做期货与现货的套利也用了数倍的杠杠，然后 2015 年做分级基金的套利……若是没有交易机会，我什么也不会做……”突然之间，我明白了一些事，原来愈确定的事，投入愈大的资金，并不是从 0 到 1 的事，而是从 0 到数倍，甚至更多，做衍生品的我居然让资金限制了我的想象，原来确定性接近 100% 的交易，可以投入的资金不是接近 100%，而是尽可能地接近你的极限。

当然，我并不是建议大家去融资去拼命地用风险换取获利，毕竟套利交易还是有一定的专业性在，在投资的这条路上，对风险与报酬的认知上自己的眼界仍然太浅，仍有很大的进步空间。

用运气赚到的钱，只要时间够长，总会用实力亏回去，唯有在长期是件确定的事，用时间来分散风险，才是稳定而长远的路，我用了很久的时间又回到最初自己认为已经了解的路上，虽然动作是一样的，但是心境早已不同，资产也开始慢慢进入了正向的走向。

有人说，牛市是散户亏钱的开始，当你愈想赚钱，却愈难以赚到钱，我用了很多年证明这件事是真的，别让自己开始投资变成悲伤亏损故事的序幕。

我看了一眼静静年轻的脸："你所有积极的投机，后来回过头来看看，可能都是一场场的赌博，这是我初入市场的故事。希望你不是和我一样，以为自己是投资，但却是一场随便的投机。"

2

什么东西一定会上涨？

老徐对投资和投机的解释，让小刘对自己想赚什么钱有了一个初步的印象——投资。他相信自己可以很有计划性，另外本职工作繁忙也使他没有那么多的时间和精力频繁进出场做短线交易，而专职交易这种把鸡蛋全放在一个篮子里的高风险行为更是他绝对不会接受的事。但投资投什么，什么东西一定会上涨，投什么才能保证收益，产品如何挑选，他依然毫无概念。

与小刘不同，静静对自己想赚什么钱仍然有点迷茫，投资听起来确实更靠谱，但她连线上购物几天的物流都等得不耐烦，投资需要认真的计划和长期的等待，她可能更坚持不来；投机赚钱往往更快，但她自认没有本事也缺乏敏锐的判断，而且现在这次失败的操作让她未来几乎没有再承担重大风险的能力。

对于普通的大多数人来说，赚钱已经不易，一夜暴富恐怕难于上青天。

第二天，老陈热心地提出今天可以带他俩去环洱海，静静和小刘欣然同意，出发前看到老徐戴个墨镜坐在副驾驶上。

“徐老板早！”静静坐上车热情地套近乎，明媚的笑容让所有人都心情大好。

“徐老板也跟我们一起去洱海玩吗？”小刘一边笑笑，一边不着痕迹地打量这个其貌不扬的中年男人，衣着普通，行事低调，在大理开了一间颇有格调的客栈却又好像很懂投资。

还没等老徐说话，老陈先揶揄一笑：“徐老板不去看洱海，他去看‘西施’。”

“西施？”静静好奇，“西施的故乡不是在浙江吗？”

“此西施非彼西施。”老陈也卖了个关子，然后就被老徐以咳嗽声提醒出发。

沿环海西线行至洱海沿岸，老陈车速放缓，打开车窗，海水微微的腥气和草木的清香扑面而来，静静的长发被风吹起，小刘闻到了淡淡的洗发水香味。

“哇，真的很美。”静静低声感叹完全忘记了拍照，整个人都要沉醉在洱海曼妙的风景里。

纯净广阔的水面倒映着白云点点和更为广阔的蓝天，水天浑然一体，万物和谐似画，看惯了大城市钢筋水泥的眼睛，一时竟难以相信眼前的景色是真实存在的。

小刘也看得移不开眼睛。

“洱海，看起来更像湖哎。”静静趴在车窗沿上享受得摇头晃脑。

“云南十八怪，湖泊称作海。”老徐捋了一把被风吹成大背头的头发，笑着解答她的疑问，“洱海是淡水湖。”

开到洱海旁某处，老陈车速减慢然后稳稳地停下车，静静戴着渔夫帽背着小包，轻快地跑到水边找角度拍照，甚至连小刘这样的直男随便一拍都是能直接上宣传页的图片，完全用不着滤镜和修图。

老徐见惯风景，只是站在一棵树旁背着手极目远眺。

“徐老板，您对股市很有研究？”小刘酝酿多时，趁机对老徐旁敲侧击。

“谈不上谈不上，我也经常犯错。”老徐摆摆手很谦虚。

静静听到了转身夸张地说：“您也太谦虚了吧，听您昨天一番话总觉得您是大隐隐于市的高手。”

小刘也觉得这个客栈老板显然不止于此，只是不知道为什么深藏不露，锋芒全隐。

老徐听得直摇头：“捧杀了啊。”

“我，天天被人说是‘韭菜妹’，专家都救不了，他，看起来是个畏手畏脚的理财白痴，您肯定要比我们两个高一大截。”静静收起相机认真地说。

小刘被静静直白的话气得吹眉毛瞪眼睛，但总结到位，一针见血，他又实在无法反驳。

老徐被女孩子的话逗乐：“没想到啊，年纪轻轻，对自己看得很明白。”

“所以，您能不能给我们支点招？”静静很直接，憋了一路，直奔正题。

“你想要什么招？”

“比如，究竟买哪只股票才会涨？”静静真挚极了。

老徐哭笑不得：“还真是有很多人问过这个问题。”

“那您怎么回答的？”静静热切地表示期待，真心觉得自己的问题是普罗大众共同的困惑。

“我不知道。”老徐也很真挚。

静静语塞：“那，我买的南京熊猫现在可不可以卖？”

“这个，我也没法给你一个确定的说法。”

静静失望透顶。

“其他的问题呢？”老徐看出静静的失望，竭力想证明一下自己并不是在敷衍年轻人。

静静其实对股市知之甚少，眼睛看着湛蓝的海面大脑一片空白，一时竟不知道从何问起。

“那您说，”小刘接过话茬，终于说出了困扰自己一晚上的疑问，“有没有一种东西是一定会上涨的？”

“你觉得有什么？”老徐这次没有泼冷水，沿着岸边不紧不慢地踱步，静静和小刘小跟班一样跟在两侧。洱海蔚蓝，海风温柔，走在岸边浮躁的心情都沉静下来。

小刘仔细想了想，一字一句斟酌：“现在茅台涨得不错，5G发展得如火如荼，医药类好像也很火，新能源汽车前景也还可以，但是未来好像又都说不准。”

“是的，”老徐肯定地说，“当下的热点和题材未来未必还热，一定会上涨的东西太少了。”

“所以还是有？”小刘敏锐地察觉到老徐话里的余地。

静静放轻了脚步，竖起耳朵。

“有，国家。”

“国家？”静静新奇道。

“对，你看我们国家几十年来经济如何？”

“不断增长……”

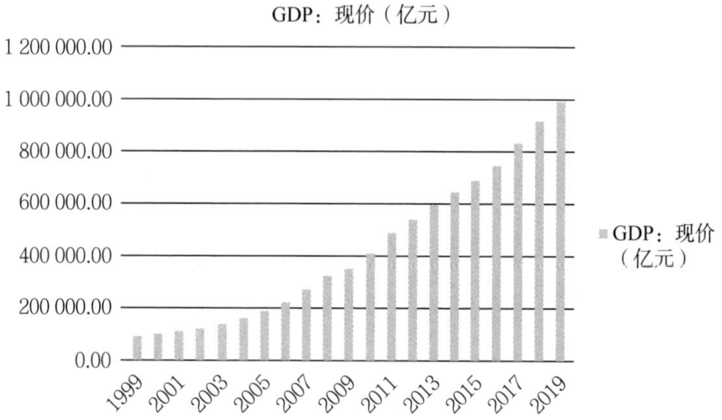

图 2.1　1999 年至 2019 年我国 GDP 现价

“其实绝大部分的国家，只要不发生战乱，只要相对稳定和平，它的经济都是长期慢慢地往上，只是速度问题而已。”

小刘似懂非懂：“为什么会涨？”他说完就觉得自己问了一个很傻的问题，答案似乎就在表面呼之欲出，但真要他说却说不出个所以然。

此时他们跟着老徐的脚步不知不觉走回车边，这段路最好的风景已经尽收眼中，于是老陈发动车子载着三人继续前往下一站喜洲。

老徐在车上继续刚才的话题：“根据最简单的 GDP 计算公式，GDP 等于消费加上投资，加上政府支出，加上出口金额，再减掉进口金额。但用更简单的话来说，你们会不会觉得近来钱愈来愈不值钱了？你们的花的钱是不是愈来愈多了？所以只要政府做更多事，你们多消费一些，企业多投资一些，我们社会上钱流动速度也更快一点，都会让 GDP 成长。虽然我们可能觉得薪水增加的不多或速度不快，但是整体国家、社会的总和更有钱了。”

GDP 计算公式

GDP= 消费 + 投资 + 政府支出 + 出口金额 − 进口金额

其他条件不变时，

消费↑ ➡ GDP ↑

投资↑ ➡ GDP ↑

政府支出↑ ➡ GDP ↑

净出口↑ ➡ GDP ↑

“我花钱也拉动国家 GDP 了呢。”静静暗暗想，心满意足地给自己以后剁手找到了一个绝佳的借口。

“那 GDP 到底会涨多少呢？”小刘脱口而出，又问了一个自己想知道，但自觉比刚才更愚蠢的问题，话说完他就意识到，自己并不是在问庙里算命的半仙，而要是能回答这个问题的话，可能不止是半仙了。

凡人一个的老徐被问到这个问题也迟疑了一下，这确实不是个好回答的问题："以美国为例吧，过去 100 年来，美国也仅有 6 年的经济出现过负成长，而且都是在经济危机的时候发生且负成长的数字都很小，很少超过 -1% 的，所以我们可以说长期来看会一直涨。而我们中国就更厉害了，从 1995 年开始，大多的年份至少有平均两位数以上的成长，近两年成长趋缓了一点，这也是经济及产业成熟的象征。能涨多少我实在没法预测，只能说，GDP 虽然不见得每年都会涨，但至少在你我有生之年会不断地一直成长吧。"

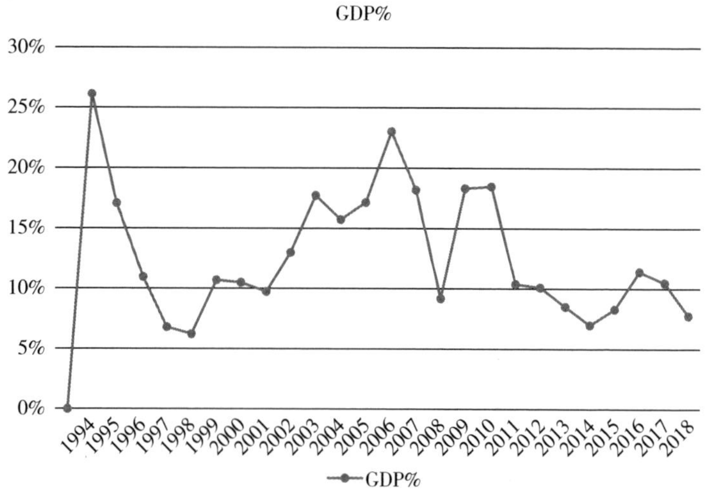

图 2.2　1994 年至 2019 年 GDP 成长图

静静这时突然插嘴进来：“为什么不会跌？难道连今年新冠疫情或是美国那么严重的打压，都不会让我们受到影响吗？”

提到这么直接的问题，小刘也用很感兴趣的眼光看向老徐，老徐胸有成竹，不慌不忙地说：“这次经济出问题，并不是经济本身的因素引起的，并不是不会跌，只是把时间拉长来看，许多的下跌可能都微不足道，过了两三年之后，你回过头来看看，这或许是一个更好的投资机会。”

静静和小刘都露出怀疑的目光，现在的局势那么不确定，不管是全球的疫情还是各国不友善的情况，怎么会是一个更好的投资机会呢？

说话间车已行至喜洲古镇，当地特有的白族建筑映入眼帘，灰墙白瓦，雕梁画栋，入内参观还会发现，三坊一照壁，四合五天井，建筑风格新奇又有趣，让人眼前一亮。

他们一行人下车沿着青石板路步行前进，静静和小刘仔细思考却依然满腹狐疑。

看出了他们的疑问，老徐边走边说：“其实也没那么难理解，你们可以试着回忆一下 2003 年的非典事件，2008 年的金融海啸，或是 2012 年的欧债事件，不管是公共卫生事件或是经济本身的问题，时间都会修复让其经济走上原来的道路，只是时间的长短而已。若是你们把事情往更坏、更糟的方面想，持有货币或是固定收益也是同样的结果，许多历史与经验不断地证明，长期持有固定收益一定不会比权益好或安全，但不知道为什么大家却总是认为固收是最安全的。”老徐第一次露出不解的表情。

小刘消化了一下，不断点头认同老徐的观点，然后总结刚才的聊天内容：“因为消费投资不断增长等等因素，国家的经济长期来看一直向上，即使有短暂下跌也会再次恢复。”

老徐赞许地点点头。

“等等，不对，我花钱消费会带动 GDP 上涨，但 GDP 上涨对我个人好像……也没什么实质性的好处？”静静清醒过来，深深觉得自己是一只即将被薅秃的羊。

小刘也想起问这一系列问题的初衷：“那我们怎么样才能享受到 GDP 持续上涨的红利呢？”

“去买能代表国家经济成长的产品，”老徐露出神秘的笑容，“买咱们中国的指数。”

老徐的故事　确定的投资

“如果现在问你，二十年前什么是最好的投资？你会说：买房子。为什么？因为房子现在是上涨的。”

在ETF定投上，愈低的价格，代表着未来上涨是愈确定的事，所以刚好买入了愈多的份额。愈大的信心危机，则代表着愈好的投入机会。

我有一个好朋友叫大伟，他的学历不高，不知什么原因在军队中待了五年，但是家境不错，是个标准的“拆二代”，若是待家中每个月靠收房租，应该可以过上轻松不错的小日子。

有一天我问他为什么要来上班？这点薪水你是应该看不上的，你在公司业绩不上不下，要升职加薪恐怕会落后很多人？

他奇葩式的回答让我不知道如何接话，他说，因为家中的小朋友快要上学，他不想小孩子在上学后，填写个人信息时，家长的职业栏中是“无业”，而且上班也可以顺便来金融业学一些投资的理念，要不然家里的钱没人去打理。

我口中说着“哦！”心中却想着，说这话不知道是啥意思？但是他接下来对ETF的神操作，才真的让人佩服不已。

他一直信奉着巴菲特的股市名言“人弃我取，人欲我舍”的操作逻辑。

在2007年的股灾中，指数从最高点一路下跌，当行情已经下跌了两个月的时候，他和我说，市场已经跌得差不多了，应该可以买一些了，说着就买入了沪深300的ETF。

当时我已经是交易部门的大主管了，为了显示我的学问浩瀚如海，用了另一句华尔街名言跟他说“承接下跌市场的股票，就像是用手去接掉下来的刀子”，暗指你迟早会受伤。

大家等着看好戏，看一个“拆二代”是如何把家中的钱败掉的精彩过程。

他非常有信心地每个月投入沪深300ETF，不管行情是涨还是跌，大家也从看好戏的心理中逐渐忘记这件事情了。

2008年行情下跌得更凶了，雷曼兄弟倒闭，美联储开始祭出量化宽松（QE）政策，但市场暂时看不出有好转的迹象，世界经济已陷入风雨飘摇的情况，我们国家亦是如此，谁也不知道沪深300指数要跌到什么地步，没有人知道。

但是大伟仍然持续地买入，甚至买入的份额愈来愈多了。我不知道他心中是如何想的，难道他真的人傻钱多?

2009年行情开始企稳，到二月份他就已经没有亏钱了，这时有好心的同事开始劝他快点出场，免得又亏了，但是他仍持续买入。

2009年12月，他已经赚了2倍以上了，持续投入的两年，居然让他赚了超过百万元的报酬，看得大家直呼老天不公平，让有钱人更有钱，我们这些平民老百姓赚不到钱，世上根本没有天理。

我问大伟:“行情在跌你一点也不紧张吗?”

他的回答让我永生难忘:“股市下跌再涨上来不是确定的事吗?对于那么确定的事，我这么做有错吗?”

我仔细想了想，对呀，我都经历了那么多的牛熊循环，下跌之后再上涨一直是市场的常态，股票可能不一定，指数难道会不一定吗?这次的金融海啸事后看来似乎也没有比2000年的网络泡沫更加特别。若股市无止境的下跌，我们的证券公司也终将消失，甚至我们的人民币也将一文不值。如果我们不这么想，那我们为什么不做一些事呢?

人们永远会忘记当时的初心，忘记这是件确定的事，一定要像知道二十年前要买房子那样相信。大伟就是如此。

2011 年后，我换了家公司工作，与大伟的联系渐渐少了，听说这几年一直在游山玩水，前两天还看他在成都发了朋友圈，过两个月可能会来洱海住个几天呢。

3

ETC?
ETF?

他们在喜洲吃过午饭，也在“网红打卡点”公共电话亭转角处合了影，然后再次出发。沿环线继续走，下一站就是在影视和文学作品中被格外青睐的双廊。

老徐和人有约，计划在双廊住一晚，于是回头问小刘和静静：“你们两个什么安排？是住宿还是继续走东线回古城？”

“双廊的海景房很有名诶，”静静充满期待，“我也想住一晚呢，洗漱包都带好了！”

“我也想去双廊看日落来着。”小刘推了推眼镜，却仍有顾虑，“但是还没有订房……”

老陈“慷慨”地打包票：“这个包在徐老板身上了。”

洱海东岸有九处湖湾，清末《大理县志稿》称之“洱东九曲”。由于处在“萝莳曲”“莲花曲”两曲交界，又被金梭、玉几二岛环抱于双曲间，双廊故有此名。

到了目的地天色依然明亮，老陈的车再次停下，四人下车步入镇子。老徐带着大家驾轻就熟地左拐右拐，最后到了镇子内部一间颇有民族风情的客栈。

“来了？”西施姐听到门口风铃的声音抬头招呼，明明已年过四十，但她美丽的面庞上几乎看不到任何岁月的痕迹，时光在她这似乎格外优待，几十年的光阴也只是悉数转换成了成熟的韵味而已。

老徐抬手致意，微笑点头。

静静杵了一下小刘挤眉弄眼，小刘也了然地冲她点头，表明自己也明白了“西施”的指向。老徐无视两个年轻人无声的调侃，走过去和西施姐寒暄。

“今天不忙吧？”

“不忙，”西施姐点头招呼两个陌生的年轻人，又回头问老徐，“你的客人？”

“也是你的客人。”老徐开着玩笑一语双关，毫不见外地拿过细颈的玻璃水瓶和几只玻璃杯，给小刘和静静倒上了半满的柠檬水。

西施姐见怪不怪，去后厨拉开烤箱，夹出刚烤好的玫瑰饼放在精致的小碟子上：“两位慢用。”

这口吻总觉得似曾相识。

玫瑰饼皮薄如纸酥到掉渣，静静连忙用手托住，咬一口唇齿留香满嘴香甜，她觉得这几年的玫瑰饼都白吃了。就连小刘这个平时不怎么吃甜食的人也赞不绝口。

老徐笑眯眯的仿佛被夸的是自己，刚要伸手拿一块就被西施姐伸手拦住："这个放了糖，你的在后面自己拿。"

"瞧瞧你这嫌老爱幼的样子。"老徐嘴上不满，窜改成语，脸上却是掩不住的笑意，站起身往后厨的方向走去，背影都透露出愉快的气息。

老陈偷偷跟小刘和静静说："徐老板血糖有点高。"

"噢～"三个人对视一笑，心照不宣。

因为要看日落，晚饭早早开始准备，西施姐掌勺，老徐打下手，两个人在厨房里叮叮当当，默契十足，不一会就有勾人的饭香味传出来，满满的人间烟火气，简单平实却让人觉得幸福。

老徐来来回回端菜乐此不疲，一改往日高深莫测神秘寡言的形象，整个人变得活泼又顽皮，小刘看着他围的花围裙时，感到心尖上酸酸的。

也许比起虚无缥缈如履薄冰的大富大贵，也有很多人向往稳稳的幸福。

大火收汁，关火出锅，最后一道云南特色菜大救驾做好，老徐和西施姐解下围裙坐回饭桌。一桌子的家常菜荤素搭配营养均衡，卖相味道都很不错。

西施姐豪爽举杯："大家远道而来，都当自己家一样别客气！"

"谢谢姐姐款待！"静静嘴甜，一声"姐姐"叫得西施姐笑容更加灿烂。

小刘也和老徐、老陈碰杯。西施姐自己酿的雕梅酒颜色鲜艳漂亮，口感酸甜微苦，度数不高，正适合小酌微醺。

酒过三巡，宾主尽欢，静静眼神在老徐和西施姐之间乱瞟，看一个给一个夹菜，一个给另一个添酒，忍不住开始八卦："徐老板，您和姐姐是怎么认识的？"

老徐闻言笑而不语，只是喝酒，被问得无法才说："缘分到了自然会认识。"

众人夸张地捂着牙说酸。

西施姐一边为众人斟酒一边给老徐解围："徐老板经常来买酒，很照顾生意，当时看客栈经营得困难，资金周转不开，也教我很多理财的事，不然这家店可能都撑不到现在。"

"那徐老板您可真偏心！"静静撇嘴，"我问什么您都说不知道！"

老徐哭笑不得："我是真的不知道哪只股票会涨！"

"徐老板也跟我们说了'国运论'。"小刘正义地为老徐鸣不平。

“虽然知道了国家的经济是一直上涨的，要买代表国运的产品，”静静回忆自己从老徐处学来的新知识，又提出自己的困惑，“但据我所知，这种指数基金多如牛毛，我们买什么产品才能最大程度上享受到经济持续上涨的红利呢？”静静眼巴巴看着老徐。

“要是能适合精力一般、专业知识一般、风险承受能力差的白领阶层投资就更好了。”小刘也补充道。

“这么高的要求真的能达到吗？”静静怀疑。

“其实，有的。”老徐放下酒杯，双手交叠放在餐桌上，姿势仿佛在主持一次重要会议，杯盘狼藉后的众人受其感染也忍不住正襟危坐起来，吵吵闹闹的餐厅忽然间安静得如同无波的湖面。

老徐不紧不慢地在湖面上投下一颗石子：“真要说起来，我会推荐 ETF 定投。”

“ETF？”静静似乎在哪看过或者听过，但记忆又有些混乱，“ETC？”

小刘笑出声：“你怎么不说 CET？”

“那又是什么？啊徐老板最初推荐的什么？”被小刘一打岔，静静更迷糊了。

“CET 是大学英语考试，ETC 是指高速上不用停车就能交费的系统，ETF 是一种……基金？”小刘看向老徐。

“是的，交易所交易基金，是一种在证券交易所上市交易的开放式指数基金。”时钟这时敲响七点，室内已经能明显感觉到日光越来越柔和，老徐淡定地起身张罗，“不如我们边看日落边说。”

表 3.1　ETF、ETC、CET

ETF	Exchange Traded Funds	交易型开放式指数基金
ETC	Electronic Toll Collection	不停车电子收费系统
CET	College English Test	大学英语考试

西施姐的客栈傍水而建，坐东朝西，是绝佳的日落观赏点。

静静和小刘被吊足了胃口，强忍着好奇来到一楼水边的白桌子和高脚椅前坐下，准备迎接洱海日落和老徐“投资课”，西施姐又体贴地端来了茶点和鲜榨果汁。

风轻云淡，阳光已经开始由烈转柔，清澈如蓝宝石的洱海水仿佛被撒上一层闪耀的金粉。过了几分钟，老徐才慢悠悠地端着茶杯出来坐到年轻人身边。

静静停下了无意识转杯子的手，小刘打开了手机上的记事本，老徐终于放下茶杯，在“万”众瞩目中开口：“ETF 主要是追踪指数的被动管理型基金，你买了 ETF 指数基金就代表买了指数中的一篮子股票去持有，就等同买了它所追踪的指数，所以 ETF 的走势基本上与所追踪的指数走势一致，投资者可取得与指数基本上一致的收益，因此投资 ETF 通常是投资该指数最直接的方式。”

小刘略一思索，融会贯通，很快就懂了前一天老徐所说的“买中国的指数”的意思，脸上现出恍然大悟的表情，老徐看了很有成就感。

静静却仍是一头雾水，虽然买了一阵子的股票，栏目上也有所谓的 ETF 基金项目，但她从来没去了解真正含义，只是听着网上分析师的荐股或炒股微信群里的小道消息去买入，今天还是第一次听到买入 ETF 基金等于投资指数的说法，而投资指数又等于投资国运，脑子一时转不过来。

老徐笑着对静静说：“其实也不用想太多，你只需要知道，我们是在投资一个长期不会下跌，而报酬率又比固定收益高且安全的标的就可以了，因为这个标的与 GDP 长期有某种相关性，所以投资它就好像是赚取了国家经济成长的红利。”

删繁就简，把复杂的原理当成黑箱不再去钻牛角尖地纠结，静静这才理解了一些。

“那同样是代表国运，市面上也有很多指数基金，ETF 比那些常规的指数基金又好在哪里呢？”静静不明白。

小知识

- 指数基金（Index Fund），以特定指数（如沪深 300 指数、标普 500 指数、纳斯达克 100 指数、日经 225 指数等）为标的指数，并以该指数的成份股为投资对象，通过购买该指数的全部或部分成份股构建投资组合，以追踪标的指数表现的基金产品。

“ETF 其实结合了封闭式基金与开放式基金的特点，投资者可以向基金公司申购或者赎回份额，同时，又可以像封闭式基金一样在二级市场按照市场上的价格买卖。”老徐怕两个年轻人不理解，尽量用通俗的语言，话说得很慢，“不过在申购及赎回上，投资人必须用一篮子股票换取基金份额，或用基金的份额赎回成一篮子股票，通过这样的机制，ETF 在二级市场上买卖时，不会出现像封闭基金常态出现折价的情况，因为如果 ETF 的净值与二级市场价格差别太大，做市商及套利机构就可以利用 ETF 的申赎及赎回机制进行套利，所以 ETF 有开放式基金及封闭式基金的特点，却多了更多的优点。”

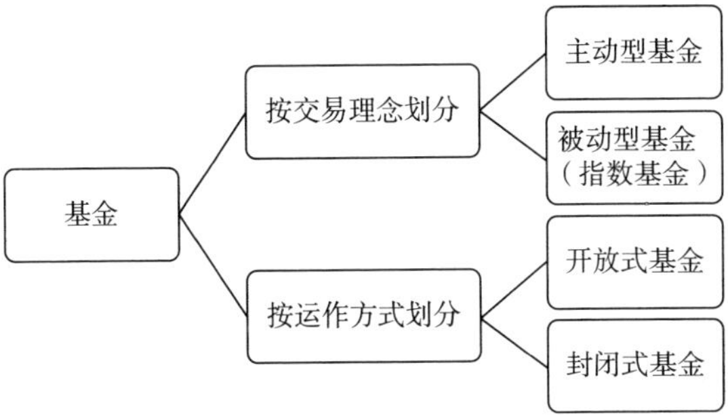

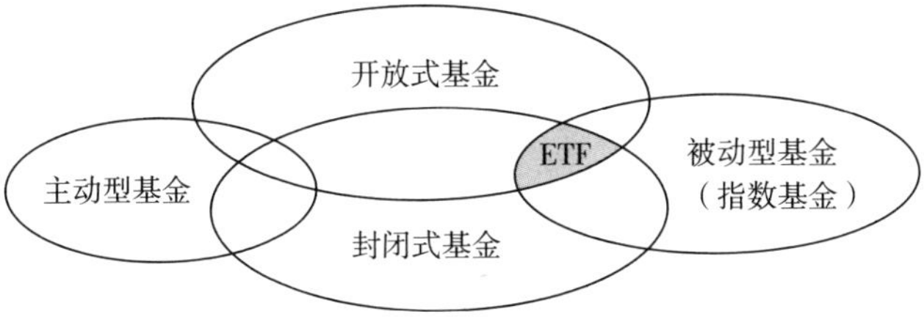

小知识

- 封闭式基金（Closed-end Funds），是指基金发行总额和发行期在设立时已确定，在发行完毕后的规定期限内发行总额固定不变的证券投资基金。封闭式基金的投资者在基金存续期间内不能向发行机构赎回基金份额，基金份额的变现必须通过证券交易场所上市交易。基金单位的流通采取在证券交易所上市的办法，投资者日后买卖基金单位，都必须通过证券经纪商在二级市场上进行竞价交易。

❑ 开放式基金（Open-end Funds）又称共同基金，是指基金发起人在设立基金时，基金单位或者股份总规模不固定，可视投资者的需求，随时向投资者出售基金单位或者股份，并可以应投资者的要求赎回发行在外的基金单位或者股份的一种基金运作方式。投资者既可以通过基金销售机构买基金使得基金资产和规模由此相应的增加，也可以将所持有的基金份额卖给基金并收回现金使得基金资产和规模相应的减少。

❑ 两者的区别如下：

①基金规模的可变性不同。开放式基金发行的基金单位是可赎回的，而且投资者可随时申购基金单位，所以基金的规模不固定；封闭式基金规模是固定不变的。

②基金单位的交易价格不同。开放式基金的基金单位的买卖价格是以基金单位对应的资产净值为基础，不会出现折价现象。封闭式基金单位的价格更多地会受到市场供求关系的影响，价格波动较大。

③基金单位的买卖途径不同。开放式基金的投资者可随时直接向基金管理公司购买或赎回基金，手续费较低。封闭式基金的买卖类似于股票交易，可在证券市场买卖，需要缴手续费和证券交易税。一般

而言，费用高于开放式基金。

④投资策略不同。开放式基金必须保留一部分基金，以便应付投资者随时赎回，进行长期投资会受到一定限制。而封闭式基金不可赎回，无须提取准备金，能够充分运用资金，进行长期投资，取得长期经营绩效。

⑤所要求的市场条件不同。开放式基金的灵活性较大，资金规模伸缩比较容易，所以适用于开放程度较高、规模较大的金融市场；而封闭式基金正好相反，适用于金融制度尚不完善、开放程度较低且规模较小的金融市场。

“申购赎回很方便，也不容易折价，确实是不错的选择，那它的风险怎么样？”小刘的关注重点始终不变。

“其实 ETF 最主要跟国家整体的经济成长比较有关。我们刚刚有说到，投 ETF 是在投国运，投我们国家的经济成长，但是可能有一段时间经济成长比较停滞，也有可能经济成长到了某一个阶段会趋缓，因为并不是所有的时间都会很稳定地成长。”

小刘和静静纷纷点头表示同意。

“我们看过去像 90 年代，甚至是 2000 年初的时候，经济成长非常稳定且快速，甚至都有两位数的成长。那时候我们投资当然是一件非常快乐的事。但是如果受到国外某些地方的影响，或者突发其他情况，经济成长可能会趋缓，所以可能在某一段时间之内，你所买入的 ETF 不会涨，可能会跌。当然我们可以想象更差的情况发生，会连续跌一年，连续跌两年，但这一两年之内经济也是成长的，只是它的成长没有我们想象中来得快，比如我们预期它要成长 6%、7%，但是实际上因为某些特别因素影响成长了 5%，像今年可能 4% 多点。”

小刘不由蹙眉，还没有开始投资就已经有了远虑：“那像这种经济停滞、风险比较高的时候要怎么办？就是任由它一直跌，还是我先把钱撤回来？”

“既然是长期，而且我们采用定投的方式来存股，我觉得越跌的话应该越高兴，因为我们常常说股市最大的利多就是发生在市场下跌很多的时候，因为价格比较便宜了。

以定投的投资者来说，因为我们是定时定额，即固定时间固定金额，比如说 ETF 是 3 块钱的时候，我们投资 3000 块只能买个 10 手，而当它变成 1 块 5 的时候，投资同样的金额我们就可以买 20 手，买的单位就变多了。如果它再涨起来的话，根本不用涨到三块钱，只要涨到两块钱的时候，我们就可以达到一个损益平衡点。所以如果越跌的话，应该要越高兴，因为你可以趁低的时候累积更多单位的资产，买到更多手的 ETF。”

小知识

- 定投：投资者通过指定的基金销售机构提出申请，事先约定每期扣款日、扣款金额、扣款方式及所投资的基金名称，由该销售机构在约定的扣款日在投资者指定的银行账户内自动完成扣款及申购的一种基金投资方式。

小刘在心里计算一下，不得不说，确实是这样，他以前一直觉得行情下跌毫无疑问是损失，却从没想过跌也是机会。

表 3.2　ETF 价格从 3 元下跌涨回原价位之定投损益表

	净值（元）	投入（元）	份额（股数）	累计价值（元）	累计投入	损益
1 期	3	3000	1000	3000	3000	0
2 期	1.5	3000	2000	3000 × 1.5=4500	6000	–1500
3 期	2	3000	1500	4500 × 2=9000	9000	0
4 期	3	3000	1000	5500 × 3=16500	12000	4500

说话间，太阳正一点一点缓慢下落，周围的云层被染出金黄的色彩，夕阳的余晖温柔地洒在每一个人脸上。文学中，日落常与忧郁落寞的感情相连，“夕阳无限好，只是近黄昏”，流光易逝，美人迟暮，其实同“冬天来了，春天还会远吗”一样，夕阳西下，距离日出也就不远了。

静静看着海上落日忍不住伸出手，五指张开，虚虚地握了一下。老徐看着女孩子的动作微笑，然后转过头继续说：“因为我们相信它在未来一定会涨起来，因为我们在投资国运，在投资经济的未来，所以它涨起来的时候，我们就可以赚更多的钱。如果它跌得够低，甚至只要涨回原先那个位置，你就可以赚一笔不少的钱。如果定投时间够长，你甚至可以翻倍，甚至是两三倍都有可能。”

“那如果一直跌了半年，我受不了了怎么办？”小刘半开玩笑半认真地讲。但这种情况也真的有可能，每年因市场震荡而崩溃的大有人在，他不想成为其中之一。

“你可以多找我聊聊天，我可以给你一些好的建议，”老徐爽朗一笑拍拍小刘的肩膀，“定时定额这件事受不了通常有一个原因，就是你信心不足，有些投资它是一个信念问题，如果你相信它未来一定会涨回来，这就能成为一种动力去支持你做这件事，而且它越跌你会越高兴。现在你害怕的原因就是因为你不相信这件事，你心里有疑虑，你担心这个行情会一直往下，但这是不可能的。”

静静也学着老徐的样子老成地拍拍小刘的肩膀。

“我觉得你也可以多看看这方面的文章，多了解一下，多看一下历史 ETF 的走势，其实绝大部分的国家，除非是发生战乱，只要相对稳定和平，它的指数都是长期慢慢地往上，只是速度问题而已（见图 3.1、3.2、3.3）。而且要相信我们国家的经济计划，要对国家有信心，了解一下未来计划，如中国制造 2025、中国新型工业化、文化强国 2035 等计划，知道未来要做些什么事，投资者的信心应该会更好。”

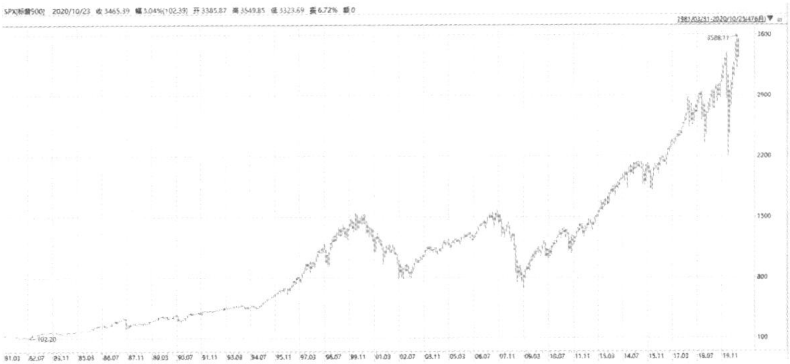

图 3.1 标普 500 指数 1981 年至 2020 年走势图

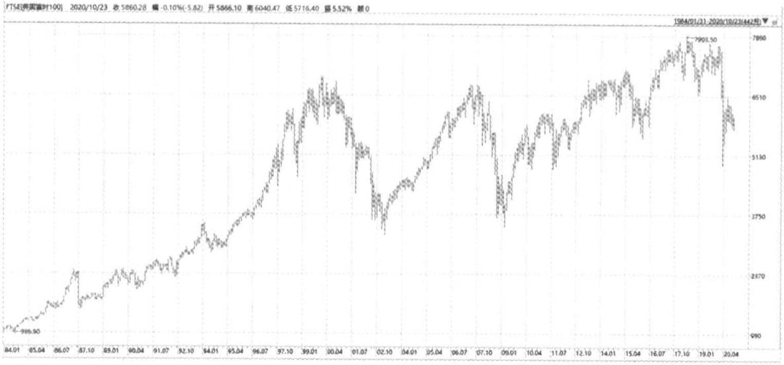

图 3.2　英国富时 100 指数 1984 年至 2020 年走势图

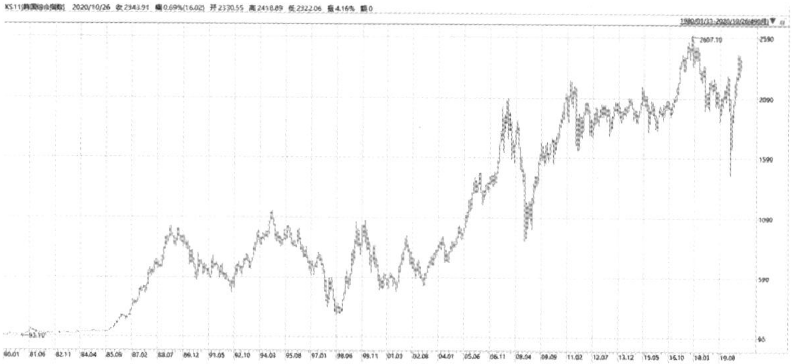

图 3.3　韩国 1982 年至 2020 年综合指数走势图

太阳的下边缘已经与海平面相切，海水在映照下，由水中央到两侧呈现出橘红色到蔚蓝色的渐变。根正苗红的五好青年小刘看着灿烂的景色默默消化思考，想到国家这几年的成长和有条不紊的经济计划，确实觉得去定投 ETF 在所有投资中是一件比较确定的事。

“但是啊，徐老板，”听完他们的对话，沉默许久的静静提问，“定投是以怎么样的周期、频率，投多久能有一个不错的收益呢？”

“因为定投是利用了一个平均成本及复利的效果，复利又是在资金够大的情况下才能滚出指数曲线，而且是前面很慢后面加速，到后来会越来越快，所以一个月几千块的投入，再将分红的钱持续投入，一般需要几十年才能有一个让人满意的结果。”

小知识

❒ 复利（Compound interest），一种计算利息的方法，是与单利相对应的经济概念，单利的计算不用把利息计入本金，而复利恰恰相反，它的利息要并入本金中重复计息。复利就是复合利息，它是指每年的收益还可以产生收益，具体是将整个借贷期限分割为若干段，前一段按本金计算出的利息要加入到本金中，形成增大了的本金，作为下一段计算利息的本金基数，直到每一段的利息都计算出来，加总之后，就得出整个借贷期内的利息，简单来说就是俗称的利滚利。爱因斯坦称其为“世界第八大奇迹”。

静静面色纠结："这也太久了吧，每个月几千块去坚持几十年？"

老徐点点头。

小刘倒不觉得这是个问题，既然是定投也不会太费精力，几十年换一个稳定不错的收益也未尝不可。

静静却不是这样耐心的人，她预感自己即使定投，也会在中途忍不住放弃："这个钱赚得也太慢了徐老板，我可能忍不住就把钱撤出来去做短线。"

"那我问你，你很积极地去做短线，是不是确定可以赚到钱呢？"

"嗯……这个……"静静答不上来。

"这是一个很重要的问题，"老徐喝了一口茶继续说，"通常在投资上面，你越确定的事你可以放越大的资金，如果你百分百确定的事，你就可以放杠杆，甚至是无穷尽的杠杆。而你越不确定，你的资金和杠杆就要越小，如果你只有50%确定，可能你的资金投入率要放在50%以下，这才比较合理，要不然你亏一次就可能会亏数量很多的钱。如果你只有30%的确定性或者百分之十几的确定性，但是却放了5倍、10倍的杠杆，只要一亏，你可能所有的钱都亏掉了，或许你还从别处借了钱。所以如果你是这样一个投资者，没有耐心或者说是激进的，对这次的投资，甚至对每次的投资都很确定的话，我觉得那没有问题，最主要的是，你到市场上是为了干什么？为了投机冒险，还是为了赚钱？如果是冒险的话，那就是另外一个故事，你必须要家底很厚才行，否则的话你可能要嫁一个很有钱的人。”老徐顽皮地看着静静。

静静噎了一下，并不觉得这个方法很可行。小刘攥起拳头挡在嘴前努力掩饰笑意，静静察觉后瞪了他一下。

老徐复又回归正经：“我觉得现在到这个市场上，大家共同目的应该都是一样的，就是要怎么样才能更确定、更稳定地赚到钱。所以我觉得定投是在你不确定的情况之下，把资金分散到各个不同的时间点，然后去赚到利润的一个相对比较好的方法。当然我前面也提到，如果这是一个确定的事，而你性格又比较激进，那我觉得你不仅仅可以放全部的钱，而且可以去外面再找一些钱来做，这也是可以的。”

“或者我一直冒险做下去，总有一次能做对。”静静心有不甘，也对自己的运气迷之自信，大概是小时候喝饮料总中“再来一瓶”带来的底气。

“是，”老徐很干脆地肯定道，“但做对的话，你会立刻不做吗？”

“我继续加仓吧。”静静设想了一下自己赚的盘满钵满的场景。

“那我们假设你就只有10万块，结果你就拿了10万块，很激进地全部投了进去，结果变成20万、30万、50万。”

确实很有诱惑。小刘默默地想。

夕阳半沉入海，天空和洱海的色彩变深，天色越来越暗了。

“然后我再继续做，是不是还能赚更多？”静静很有代入感地两眼放光。

“嗯，然后你再继续做。在你的资金变成50万以后，结果一不小心就亏掉了50%，剩25万，要是亏掉90%，你就剩5万块了。你下一次要变50万的话，可能又要赚10倍才能够赚得回来。”

10倍……美梦戛然而止，幻想的泡沫全数碎裂。静静憧憬的表情来不及收回，小刘认真记录的手指不知该敲下怎样的文字，大家忽然就沉默了。

赢钱的快感、狂热、迷失，输钱的惨淡、无助、迷茫，这样的场景想想都令人心惊。在不确定的事上做最大的投入，真的无异于赌博。

“赚钱跟亏钱，即使后来要达到同一个金额，它并不是一个相同的百分比，比如说10万变50万你要赚5倍，但是50万变成5万之后你想再回到50万就要赚10倍，困难度是差别很大的。”老徐说到这里也无可避免地想起了自己的过去，那一段每天处于崩溃边缘的日子……无人察觉的短暂停顿后，他若无其事地继续说，“所以在你投资的路程上，你千万不可以亏一次大的，只要亏了一次大的以后，你要再回到原先的金额就变得非常困难。”

这话也说中了静静的现状，她已经在盲目投资中亏了一次大的，其中打击让她几乎扛不住，有那么一些时刻她甚至忽然就懂了那些极端失望去跳楼的股民的心情。

赚钱了收不住手，赔钱了又不甘心，然后恶性循环越陷越深。

“所以投个股还是风险太大了…”小刘看着明显低落下去的静静无限感慨。

老徐诲人不倦：“因为股票它所代表的是一家公司，你们可以猜一下，在中国，一家公司的存续期间大概会有多长？”

“十年？”静静说了一个自己觉得差不多的数字。

“五年？”小刘更保守一些。

老徐摇摇头：“根据美国《财富》杂志报道，美国中小企业平均寿命不到 7 年，大企业平均寿命不足 40 年。而中国，中小企业的平均寿命只有 2.5 年，集团企业的平均寿命也只有 7 ～ 8 年。美国每年倒闭的企业约 10 万家，而中国有 100 万家，是美国的 10 倍。不仅企业的生命周期短，能做大做强的企业更是寥寥无几。”

静静惊讶之余却也没有特别意外，就拿家门口的小店来说，一年换上三四家招牌都不稀奇，她又突然想到，老徐的民宿能开多久呢？自己以后也想开个小店，看来这个想法似乎不如买入 ETF……

“当然上市公司可能存续期间会很长，但是你能保证，比如在你对它 5 年的投资中，它都是一个好的、成长的公司吗？我觉得也有可能会抓得到，或者是你要花很多的时间精力去研究。但是对于一般的投资人，我们要不要跟那些研究员或者在机构工作的人一样，去研究这些公司呢？你可能必须每个月、每年都要追踪它，看它的基本面有没有一些明显的改变。”

此时太阳已经完全消失到海平面以下，天空半明半亮，寒意像长了触角般悄悄爬上摆在水边的椅子。

老徐放下卷起的袖子继续说：“我觉得如果能够做到这些的话，投资公司确实会比做 ETF 要来得好。因为你付出了很多的劳力，赚到的钱也是你应得的。但是一般投资人可能有自己的工作要做，我们有很多其他的事要兼顾。”

小刘用力点头不能再同意，日常工作已经耗费了大量精力，下班后还有做家务等其他杂事，剩下的短短几个小时用来休息尚且不够，哪来的时间再去兼顾股市呢？

静静的工作性质与普通上班族不同，但能用来有系统地去研究股票的时间一样很少，她忽然很想给自己唱一句“时间都去哪了”。

老徐循循善诱：“如果我们投资指数的话，它所代表的意义又不大一样。我们说一般投资，特别是宽基的，像投资类似这样一些 ETF 的话，我们所投资的是我们国家的国运，我们国家未来的经济成长，我们国家未来的发展，这些 ETF 的涨势跟这些产业里面的一些龙头股的正相关是非常大的。如果你要做一个长期投资，而且不想太费力的话，我觉得投资指数可能所花的劳力更少，风险报酬比相对也更划算。”

小知识

❒ 宽基指数，是指成分股覆盖范围广，包含行业种类多的指数，比如：中证 500 指数、中证 800 指数，沪深 300 指数等。因此风险分散也是宽基指数最大的优势，追踪宽基指数的盈利也比单一成分股更加稳健。

❑ 窄基指数，是除了宽基指数以外的策略指数、风格指数、行业指数、主题指数等指数，一般多为行业指数或主题指数。相较于宽基指数，窄基指数成分股的个股和行业更为集中。例如：中证风格指数的 300 成长、中证行业指数的 300 能源，中证主题指数的央企 100 等。

静静想了想还是不甘心，执着道:“那我去买茅台，买平安，买能代表国运的股票，是不是更有一夜暴富的可能？”

一夜暴富真的是很多人的梦想，就像静静对定投完全没有耐心，对暴富倒是锲而不舍，老徐看着她无奈地摇摇头：“首先，茅台也没有你想象中涨得那么快，持有它也是需要很多耐心的，这几年它确实表现得比较好，但未来你能有多少把握呢？买到好的股票翻上去的速度是比较快，但对于大型蓝筹股，大多数表现跟指数相差不会太多，就好像中国平安的涨势跟指数不会差太多，真的不会差太多。

图 3.4 2018~2020 年上证 50ETF 与中国平安（601318）走势图

第二，茅台的股价很高，如果你的资金足够是可以买的，当然也可以用茅台去定投。但你想想看，你买 1 股要多少钱，买 100 股要多少钱，买 1000 股要多少钱，你有办法定投吗？你有这个资金可以定投吗？因为在定投上，我们还是希望能够把它划分得越细越好。比如说我们固定投入 1 万块，当它股价比较低的时候，我们所能买到的股数会比较多，但是买股票一手是 100 股，它的价格如果是 1600 块的话，你买一手是 16 万块，用 16 万块才能投一个单位，但是你每个月只能投 1 万块，你会发现你根本没有办法去做茅台的定投，中国平安的股价八十块左右，也会出现类似的情况。”

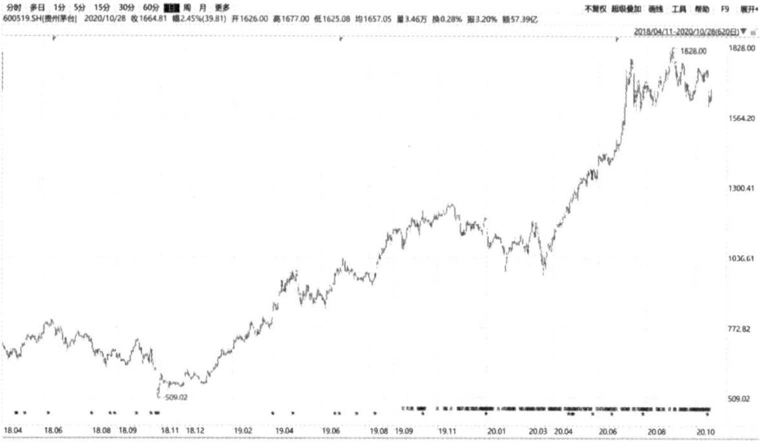

图 3.5　2018~2020 年贵州茅台（600519）日线走势图

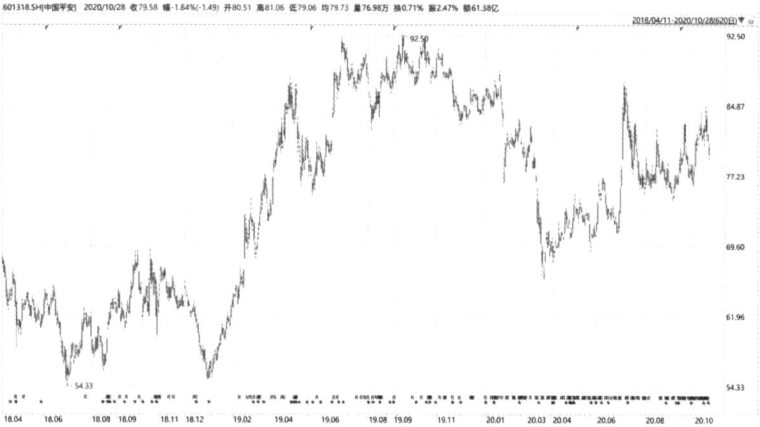

图 3.6　2018~2020 年中国平安（601318）日线走势图

老徐的提问让静静无言以对，只觉得口干舌燥，她忽然发现暴富这件事“想”远远比“做”要容易得多。

“如果你定投的金额没有那么大，或者没有刚好 100 手、

200 手这样一个间距的话，我觉得定投绩优个股在越低买越多单位的这样一个效果，就没有办法展现出来，所以它均价会做得没有那么的好。所以我们不如就去买 ETF。”老徐觉得自己算是苦口婆心，“当然，如果你对某些所谓的代表国运的这些产业有兴趣的话，你可以买一些分类的 ETF，而不是宽基的，买个别产业也行。但是问题是，你确定未来 5 年白酒都是最主流的吗？你现在确定吗？不会是芯片？不会是人工智能？不会是 5G？不会是消费电子？或者是其他的，比如说新能源车？”

天色昏暗，昼夜温差大的春天里没有阳光照射的海边越来越冷，西施姐给室外聊天的三人带来了厚实的毛毯，老陈端来了三杯热茶。

围上毯子后的老徐连带声音都变得温暖起来：“年轻人要下些赌注也是可以的。但是我们还是回到开始，越确定的事是越好的，你可以放越大的杠杆，毕竟，**金融的本质是信用与杠杆，不是赌博。如果是宽基指数的话，它就会是更接近确定的一件事。**所以如果你希望能够稳定、长期确定能够赚到钱的话，我觉得宽基的 ETF，比如说沪深 300、上证 50，这些确实会比较好，而且你也可以按照你的本性，比较用力地在某些固定的时候去做，这样对你来说风险是相对比较小的。”

小刘手机上的记事本已经满满地记了好几页，自觉收获颇丰，他回顾全程谈话思索道：“或者，ETF 其实也不怎么适合静静这样激进的投资者？”

静静噘着嘴看向他，显然不满小刘对她的定义。小刘不禁被她气鼓鼓的样子逗得一笑。

“我的理解是，它其实适合大部分的散户。按股神巴菲特的建议，**投资初学者最好应该找寻已经被证明长期成功有效的投资方法，然后照着做就行了，但令人吃惊的是，这样做的人实在太少了，大家总是要找理由，认为自己能做得更好。**”老徐喝了一口热茶，沉吟道，“因为散户没有一个团队来足够支撑获得那么多的一手的数据，那么多的对政策的理解程度，没有这些就很难做基本面分析。要是做技术分析的话，个人的精力又有限，要是一名全职交易者可能还好点，但大部分的交易者可能都是上班族，那么就没有精力去看盘，因为这会耗费你很多精力，导致你的全职工作其实也没法认真做，最终可能大概率还是得不偿失。”

小刘十分赞同，妥帖地做好本职工作就已经很不容易了。

“我们也不能否认那种追趋势追得好的人，他们我觉得可能不是 ETF 的客群。”老徐补充。

静静手握在杯子外面摩挲着取暖，显然并不认为自己能做好趋势。

“还有一点，我觉得要对激进投资者下一个定义，不要跟赌徒混淆。”老徐的目光扫过小刘和静静，“比较保守的投资者，他很怕亏钱，每个月只能拿出身边比较少部分的收入去投资，因此变成一个有钱人的时间要比较长，或者赚的会稍微少一点，因为投入的金额很少；但是比较激进的投资者可能会拿出所得的更大部分去做这件事，或者是放了两倍的杠杆，但他并不是一个赌徒，因为他要避免破产风险，所以顶多杠杆放 2 倍，在低档的时候放了 3 倍、4 倍也就到顶了。而如果是一个赌徒的话，他会压下全部的身家去赌这一次的胜负，在暴富或者破产中二选一。显然，投机和赌博，完全是两个概念。”

静静愣住，在心里又想了一遍老徐的话，忽然如同醍醐灌顶，她发现自己一直搞混了投机和赌博的概念，二者其实并不等同，她又反思起自己一直以来的行为，几乎没有任何风险管理，拿出了绝大部分积蓄，希望全然寄托在运气上，难道自己竟然在不知不觉中做了赌徒？静静不禁在黑暗中裹紧了毯子。

老徐总结道：“**ETF 定投基本上适合百分之七八十的交易者，包括部分激进型投资者，但并不包括赌徒。而且 ETF 的投资其实不太适合很积极的交易行为**，因为交易实际上往往有些投机的成分在里面，虽然交易也有一个计划，但是它所信任的是交易的逻辑，进出场的逻辑。而定投 ETF 不用看图形和价格，只需要在某个固定时间去做一件事，它更简便，但是绩效并不会比依照某个逻辑不断重复地执行来得差。”

西施姐打开了客栈回廊上的灯，光线不佳的室外再次恢复光明，天色近乎墨蓝，水面上灯串的倒影轻轻摇晃，四周静谧无声。老徐站起身活动四肢，扩胸伸展，声音随着动作高低起伏有点滑稽：“也可以说，**ETF 定投本质上是一种反交易的东西，你越想加入交易的成分可能越不适合**。加入主观性结果虽然有可能好，但是也有可能不好，还是比较适合没有时间但又想攒点钱的人群，所以受众群还是很广的。”

今日小课堂知识点密集，老徐觉得不能让两个小孩一口吃个胖子，于是在说完这段话后拍了拍两个年轻人的肩膀，裹着花毯子转身走进室内，自己拉了无声的下课铃。

小刘和静静都留在原地没动，脑子还在疲惫地运转，他们不约而同都在想，不管是产品本身的魅力，还是老徐深入浅出讲解的加成，对他们这种投资入门级选手来说，ETF定投好像真是一种不错的选择。他们对视一眼，都在对方眼中看出了心动。当然，是对ETF的。

小知识：ETF是什么？

你知道“巴菲特赌局”吗？

我们都知道ETF又称为指数股，投资者买卖一只ETF就等于买卖了它所跟踪的指数，可以让投资人像买卖股票一样的买卖指数。

股神巴菲特则不止一次地推荐ETF，早在1993年巴菲特就在给股东的信里面写道：“通过定期投资指数基金，一个什么也不懂的业余投资者竟然往往能够战胜大部分的专业投资者。”

2005年巴菲特为了证明自己说的“成本低廉的指数型公募基金可能是非专业投资人投资股市的最佳选择”，他公开发出了一起著名的挑战：如果谁可以买入任意挑选的5支私募基金组合，在10年内可以跑赢标普500指数，他则捐出100万美元给慈善机构。

好几年过去了，终于在 2007 年有一家名为珀特硌（Protege Partners）基金公司的基金经理：泰德·西德斯（Ted Seides）应战，这家公司在 2002~2007 年的报酬率为 95%，其绩效远远超过当时 S&P500 指数的报酬率，以历史数据来看，这场赌约巴菲特赢的概率似乎不高，但长达 10 年的约定使得基金的稳定性变得异常重要。

赌局从 2008 年 1 月 1 日开始，在这十年间，经历了金融海啸、美股闪崩事件、欧债危机等重大变化。10 年后，2017 年底，巴菲特所投资的标普 500 指数 ETF 上涨了 85%，泰德·西德斯所选的 5 档私募基金报酬却仅有 22%，不仅低于大盘指数的报酬，也远低于对冲基金指数的报酬，巴菲特在这场赌局中完胜了由专家挑选的基金组合。

这不仅仅说明了投资指数基金在长期投资中的优越性，也证明了巴菲特一直所说低费率与复利的效果。

2014 年，在著名的“巴菲特遗嘱”中也将 10% 的资金买入短期政府债券，另外 90% 则配置到低费率的指数型基金上。有好事者在 2016 年 5 月底开始建立巴菲特遗嘱组合并追踪该组合之绩效，结果三年后发现，其报酬率竟高达 41%，居然打败了网上 93% 的投资者。

2019年第4季度，巴菲特自己身体力行，开始买入他推荐的追踪标普500的ETF指数型基金，因为历史的轨迹会不断地证明ETF的优势所在。

老徐的故事　什么人适合ETF投资?

“在1980年到2007年，美股涨了9倍，但是75%的公司加起来并没有上涨，其他公司撑起了整个上涨市值，如果你找不到这些公司，赚那9倍就好了。”

这是一个梦想破灭的故事，而这个故事是真实的。

我的朋友阿Ben是公司的研究员，海归硕士，在那个时代的海归硕士可说是炙手可热的稀缺人才，他的学识和长相都是一流，我们一同在研究部门工作，那是1996年，我们才刚开始投入金融行业。

大家都想在股票市场中多赚一点钱，选中好股票，押重注，长期投资是那时候获利的标准公式，过去十多年有许多人因此而发家致富，大家对于这方法没有一点点的怀疑。

“太平洋电信电缆公司（1601）是一个绩优公司，而公司目前又拿到了仅有的行动电话的频道，未来发展势头锐不可当，可是股价才仅仅 35 元而已，这绝对是一个绝佳的投资标的。”阿 Ben 看着手中的分析师报告用很严肃的语气和我说。

“我已经陆续投了 100 多万了，你也可以买一些，到了 35 岁咱们一起退休。”

35 岁就退休，这是什么概念啊？我爸爸 60 岁了还没退休。现在还没讨老婆就想着退休的事，这个太不切实际了吧？

阿 Ben 接着说：“这个你不懂，现在股票的市盈率才仅仅 12% 而已，如果我们能持有个 50 万股，每年光是领股利就有 210 万元，这可是够我们赚个 7、8 年的，只要我们有钱就买一些，其实只要 20 万股就够我们退休了，35 岁之前退休应该不成问题。”

我双眼露出渴望的光芒，才刚加入工作，就有人和我说退休的生活，这是其他行业想不到的事。

我又弱弱地问了一下：“为什么不投指数型的基金呢？”

阿 Ben 用有点怜悯的眼神看着我：“那么没有技术含量的事，你居然做得出来？我们可是金融业的精英呢！”

我一下子就羞愧得无地自容，不敢再问第二句话。

接下来的两年，阿 Ben 如他所说的持续买入太平洋电信电缆公司的股票。股价在 1997 年一度涨到 60 元，但接下来却不如预期地下跌。但阿 Ben 总是说：“股票上上下下是正常的，不用理会，这正好给我们早日达成目标的机会。”

1998 年是关键性的年份，亚洲金融风暴，马来西亚、泰国、印度尼西亚货币疯狂贬值，韩国也面临考验，金融机构濒临破产，接受国际货币基金会的纾困，美国 LTCM（长期资本管理公司）破产。但这么多事情都与我们无关，仅有一件小事却打击着阿 Ben：太平洋电信电缆公司因为投资美国人造卫星的行动通讯“铱”计划而破产了，这代表着数年的投资打水漂了。

“我决定永远退出证券市场。”

这是我对他印象最深的一句话。

由于台湾证券业接下来的合并及整合，我们各奔东西，也很少联络了，但我永远记得他那绝望与无奈的眼神。

20 多年过去了，我一直没有办法忘记当初的这件事，阿 Ben 所说的话我一直没有办法忘记。

“我决定永远退出证券市场。”就在他 30 多岁的年龄。

“如果他当初投的是指数基金（ETF）就好了。”

虽然可能没有办法让我们在 35 岁时就退休，但是在每年 12.5% 的报酬下，以他每个月 5000 元的投入，现在 25 年了，若仅投入 150 万，总报酬也有 1037 万了，真是太可惜了。

对投资者来说，时间是优质公司的朋友，但却是普通公司的敌人。但 ETF 可以避免这种悲剧的发生。

不管有没有技术含量，这是一个适合所有人的投资呀！

4

卑微散户怎么办？

第二天吃过午饭，静静和小刘告别西施姐，由老陈带着前往挖色和小普陀。老徐则是在一群人的起哄中要多留一天——帮西施姐打扫酒窖。

与西线相比，环海东线虽然经过的景区不多，却离洱海更近，原汁原味的海上风光令人心旷神怡。波光潋滟，山色空蒙，天高云淡，绿树与古村相映，碧波与候鸟成趣，这条路被列入“中国最美的环海公路”之一着实不掺水分。

为方便他们欣赏景色，老陈的车开得不快，静静拿着相机靠在车窗边，打开了摄像模式。小刘也拿出手机伺机拍了几张风景，要收回手机时却看到静静精致的侧脸和飞扬的长发，他鬼使神差地按下快门，拍了一张娇俏的背影。

来不及看照片拍得如何，小刘飞快地收回手机，耳根微红。他心虚地打开记事本，若无其事地复习昨天的“功课”。

静静拍完坐好，看到小刘安静垂眸的样子竟觉得有点可爱，忍不住开他玩笑：“我能抄你的作业嘛？”

小刘推了下眼镜公事公办道：“收费的啊！”

老陈偶尔透过后视镜看他们互动，再回忆起初见那天的剑拔弩张，颇为好笑地摇摇头。

公路平坦，苍山巍峨，水面波光粼粼，风景不真实得如同电影画面，路上的普通人变成了这部影片中自带光芒的主人公。

几日的奔波和“听讲”，体力和脑力都消耗极大，静静这一夜睡得格外香甜。第二天上午醒来时，四周静谧无声，房间里光线昏暗，她一时竟分不清现在是早晨还是夜晚，自己是谁，现在又身处何地。

坐在床边清醒了好一会，等到所有意识都回归完毕，静静感叹这个世外桃源令人忘忧的同时似乎听到了淅淅沥沥的雨声。

这个季节大理难得下雨了。

小刘起床推开窗户，青草和泥土的气息扑面而来，楼下的小池塘已经积满了雨水，院子里青石板的小路被冲刷得干干净净，沾水的花朵看起来娇艳欲滴。

除了依然未归的老徐以外，其余四个人围在一起简单地吃了早午饭。雨天寒冷，出行不便，静静就说，生命在于静止，要在客栈里暖和地窝上一天，小刘本来还打算去爬苍山，因为天气原因只得作罢，顺势也就不再出门了。

可是客栈布置得再精巧毕竟面积有限，而再浪漫的檐下听雨也是会厌倦的。

“小南妹妹，有没有什么桌游之类的？”静静百无聊赖，四周转转却没有找到什么娱乐卡牌。

“我们这……好像只有普通的扑克牌。”小南绞尽脑汁，从吧台里拿出一套扑克牌，抱歉地放在桌面上。

“玩什么呢？”静静拿着牌思索，“斗地主？炸金花？”

小南歪着头提议：“不如，我们玩德州扑克？”

“那也可以呀。”静静有了点精神跃跃欲试，看起来像是个精通各类棋牌游戏的高手。

“你会玩？”很少接触这些的小刘对全能的静静有点刮目相看。

“我不会。”静静一脸的无辜和理所当然。

脑子里浮现一串省略号，小刘无语叹气：“好的，你厉害。”

“没关系，我可以教你们呀。”小南笑嘻嘻地收拾好桌面，把扑克牌摊开，抽出其中的大小王。

“德州扑克与你们说的交易有许多共同之处，许多交易员都喜欢玩德州扑克，甚至也有职业的德州扑克选手加入了交易员行列，比如2018年排名首位的女牌手瓦内萨·赛布斯特（Vanessa Selbst）就加入了桥水基金。”

小南娓娓道来，气定神闲，让静静和小刘颇为惊讶，这家客栈不光老板有隐藏的大佬气质，连看起来单纯小白兔似的前台小姐姐都像是个中高手。

“主要是一起玩的时候听徐老板讲的，”小南察觉到二人崇拜的目光不好意思地说，然后一面慢慢地洗牌，一面继续讲解德州扑克的由来及玩法，“德州扑克起源于 20 世纪初的德州洛布斯镇，通常可以 2 到 10 人玩，是一种易学难精的扑克游戏，也是一个需要技术和运气的游戏。开始的时候发牌员会按顺序分别发给每个玩家 2 张面朝下的底牌，以及 5 张面朝上的公共牌，玩家若继续看牌或比牌，则需要下注一定的筹码，最后每位玩家用自己手中的底牌和 5 张公共牌，选出 5 张最大的牌，组成自己的牌，和其他玩家比大小。”

小南很快地将 2 张底牌发到每个人手中：“牌型中最大的牌是皇家同花顺，其次是同花顺、四条、葫芦、同花、顺子、三条、两对、一对和高牌。”

德扑小知识

皇家同花顺：最高为 Ace（一点）的同花顺。

同花顺：同一花色，顺序的牌。

四条：有四张同一点数的牌。

葫芦：三张同一点数的牌，加一对其他点数的牌。

同花：五张同一花色的牌。

顺子：五张顺连的牌。

三条：有三张同一点数的牌。

两对：两张相同点数的牌，加另外两张相同点数的牌。

一对：两张相同点数的牌。

高牌：不符合上面任何一种牌型的牌型，由单牌、不连续且不同花的组成，以点数决定大小。

话说完每个人手中都拿到了自己的两张底牌。

静静一如既往地展现了激进投资人的勇气，不管拿到什么样子的牌都会加入战局。一开始在运气不错的情况下由于偷到不少的盲注，居然筹码愈来愈多。反观谨慎多想的小刘则几乎把把弃牌，只有拿到大牌的情况下才会持续加入战局，所以开局后筹码反而愈来愈少。

随着时间过去，静静的筹码很快变得愈来愈少，但并不影响她一心想反败为胜。有几手牌静静的底牌并不是很好，但在第五张河牌[①]翻出后竟反败为胜，赢得了底池所有的筹码，一度又成为在场最大赢家。

但由于两人对于德州扑克并不是很了解，仅仅经过短暂的特训即加入实战，一个小时左右，之前的数次好运没有再次降临，静静在喊最后一次的全下（All-in）后，终于将手中试玩的筹码输了精光。她心有不甘，转过头看，同样是菜鸟等级的小刘手中仍有半数以上的筹码，老陈不言不语输输赢赢，所剩筹码与开局时几乎无异，而最大的赢家显然是提议玩牌的小南。

“小南！你深藏不露啊！”输得身心俱疲的静静由衷感叹道。

小南羞涩一笑：“以前店里不忙的时候经常和老板、陈叔一起玩，玩得多了就懂了点门道。”

“陈师傅也很厉害。”小刘摘下眼镜抹了一把脸，这种据说在投资圈很火的游戏他是真的不在行。

老陈一边干脆利落地切牌洗牌，一边推辞道：“我不行，徐老板玩这个才是真厉害，想当年在圈子里几乎无敌手。”

正说着，带着一身水汽的老徐推门回来，他把伞收起放

① 河牌：在德州扑克中，当所有玩家拿到牌后，荷官开始发5张公共牌，第一次发三张叫作翻牌，第二次发的一张叫转牌，第三次发的最后一张叫河牌。

在角落，看着围在方桌前的四人笑说：“谁赢了？”

静静大喊：“徐老板，你们是不是黑店，小南赢了我一宿房费！”

余下四人哈哈大笑。

老陈起身给老徐让位，站在一旁打算观战：“来两把？”

“那林小姐更得说我们是黑店了。”老徐许久不玩，一时手痒难耐，虽然嘴上这样说但还是湿衣服都没换就坐在了老陈的位置。

“听说您德扑很厉害？”静静小心翼翼地问道。

“你可以说我别的不行，但德扑我可没法谦虚。”老徐一本正经，难得如此张扬。

“行，”静静咬牙，拿出舍命陪君子的架势，“来！”

刚开始的两三个阶段中，老徐表现出非常谨慎的样子，一方面他想好好观察静静及小刘这两位新朋友的 tell（下意识的小动作），另一方面也不想因为牌局赌注太小而轻视对手。

静静仍然非常积极地参与每个牌局，只要牌不是太差都会尽力加入每一局，由于经验不足，对于位置、加注、诈唬或彩池赔率都没有考虑；小刘则是比较谨慎的玩家，底牌至少拿到 AA、AK、AQ、AJ 或中对以上的牌才有可能进入到翻牌圈。

“一个很松①的玩家，另一个是很紧的玩家，天平上的两个极端呀！”老徐心中轻轻说了一下。

在一阵子之后，老徐起手底牌拿到了 A♠A♣ 的顶对②。

静静也将底牌翻过来看了一下，是 9♠9♦ 的对子，心中想：是不错的牌。

老徐在枪口位置立即加注了 3 倍大盲③，接下来小刘及小南由于手牌不佳均纷纷弃牌。静静的底牌不错，马上反手加注全下（All-in）。

在并未翻牌且仅剩下两位玩家的前提下，老徐的顶对 AA 胜率高达 82%，所以跟进了。

接下来的翻牌为 8♥2♥2♦。

转牌为 5♠，最后的河牌则为 9♣。

公共牌最后是 8♥2♥2♦5♠9♣。

静静靠着手气以 9 葫芦赢了老徐手中的 A、2 两对，并

---

① 在德州扑克中，“松”型指频繁参与每个牌局的玩家，“紧”型指只参与很少牌局的玩家。

② 是指拿的底牌是最大的对子。

③ 庄家左边第一个玩家叫“小盲注”SB（Small Blind），第二个玩家叫“大盲注”BB（Big Blind），他俩每次游戏第一轮开始必须强制性下赌注，以保证游戏一开始就有一个基本赌注。小盲注通常是投赌注的一半，大盲注投一注钱。

赢取了老徐手中大半的筹码。

在一把爆冷牌（bad beat）之后，老徐微微笑了一下，深深地吸了一口气对静静赞赏地说：“打得好，小姑娘。”

老徐很快调整好自己的心情——毕竟许多人被这种爆冷牌打爆后心情总会大受影响——自言自语，又像是有意无意地告诉小刘和静静：“就像在股票市场上待久了，什么样的行情都会遇到，这很正常的。”

老徐在自言自语之际，看了手底的牌：居然又是口袋A。老徐用同样的3倍大盲注。

这时小刘手中拿到Q♣Q♥的难得好牌，并认为老徐的自言自语是因为上把牌输了在生气，故加一个大注（3-bet）。老徐决定跟注，以便在翻牌时挖一个坑。

老徐看到翻牌是10♣7♠2♦的杂色牌，于是让牌到对手。

“徐老板不可能连续两把拿到比一对Q更好的牌！”小刘这样想着，难得做了他目前人生中最大胆的决定：全下（All-in）。老徐则跟进。最后老徐在两把之内又赢回了大把的筹码。

“还是太没有耐心了。”小刘对自己的决策充满了后悔。

由于静静和小刘都是新手，对于牌的优势、劣势及概率不是很清楚，加上松手和紧手的个性实在太鲜明，被老徐轻易看穿，在一个小时左右他们都输光了筹码。

“您真不用谦虚。”静静有气无力。

小刘摘下眼镜甩在桌子上，身体靠向椅子背闭目养神，显然也是用脑过度。

老陈和小南对此早已见怪不怪，老徐心满意足地离席换衣，边走边道：“德州扑克与交易有许多类似之处，首先它们都是生存游戏，早期筹码翻倍的价值比后期少很多，其次，起手牌的好坏并不是最关键的事，能够打出价值与风险控制在这个游戏中更为重要。”

除此之外，德州扑克真正的高手不仅在于他们的技术，更可贵的在于他们对制度策略体系坚定的执行，能在比赛中胜出的他们，除了运气之外，更善于等待并长期坚持纪律，否则没有可能在这残酷的竞技中存活。老徐心想，似在复盘游戏，又似在自勉。

“风采不减当年啊。”老陈收拾残局啧啧称叹。

“徐老板一直在大理开客栈吗？”小刘奇道。

“不是，这家客栈也就刚开了两三年，你们也看出来了吧，他以前干投资的，牛着呢，”老陈快人快语，“连续几年没亏过钱。”

静静和小刘惊讶之余又觉得也是意料之中。

“那怎么忽然来开客栈了呢？”静静想，她要有这个本事肯定不舍得离开市场。

“就有一次，据说亏得很厉害，然后……”涉及家事，老陈口风很紧，忽然停住不说了。

静静和小刘故事听了一半，被吊足了胃口，此刻正好奇得不行，这时换好衣服的老徐咚咚地从楼上下来：“然后我来说吧。”

老陈自知多嘴心虚离场：“我去买菜，晚上涮火锅。”

“说出来也给年轻人当个教训，”老徐摇头苦笑，“其实故事很简单。”

说着老徐点燃了一支云烟。

“以前在金融业工作，主要负责公司交易的工作，由于运气一直不错，当交易员及交易主管的日子过得顺风顺水的，不仅薪水年年增加，且职位直线上升，没有多少年就当上了公司的大主管。

“在工作的前些年，交易起来始终战战兢兢，对市场也保持一定的敬畏，所以绩效一直保持不错。但是人心始终难测，经历了多个牛市与熊市后，连续接近十年的获利，自己也渐渐自大了起来，自觉对股市的涨跌已了若指掌，所以心理上也渐渐地松懈下来，而我心中所想的由稳定的获利变成如何才能更快地赚钱，我当时不知道，这种想法对交易来说是致命的。

“当我听到朋友说某档医药股即将被收购，而经过再三确认这是非常确定的消息，所以我将房子抵押掉，全力斥资买入这档个股。后来的结果，像绝大多数贪心运气不好的投资人的下场一样，股票不但没有上涨反而快速地下跌，由于股票还没有上市，想卖出却没有任何的流动性。也因为这件事，家庭失和，我一个人净身出户，从头再来。这些年也是靠着慢慢定存着 ETF 才逐渐累积了一点资产。前几年来到洱海这里旅游，在这山明水秀的地方，遇到你们西施姐的热情招待，才突然兴起在这儿生活的念头。

“嗨！想起来也还真讽刺，亏我还常常告诫许多投资人：千万不要听信任何的小道消息，就算是公司老板亲口告诉你也不要相信。

“所以，不要太相信自己的能力，凭运气赚到的钱一定会凭实力输掉。”

前尘往事，老徐说得云淡风轻，听众却仍能感受到其间的惊心动魄。

静静拍拍胸口心有余悸。

小刘若有所思地突然问道:“在资本市场中，难道我们小散户真的一点机会都没有吗?连徐老板如此经验丰富且在市场呼风唤雨那么多年都惨遭滑铁卢了，那我们该怎么做呢?”

老徐笑着说:“散户有散户的优势，只是大多数人不知道而已。我当初也是靠着定存ETF慢慢一步步从谷底再翻上来的。”

老徐突然停了一下，好像想到什么。然后又点了一根云烟说:“我刚才将定投好像说成了定存，其实这定投也就像在银行不断存钱一样，也像去缴房贷一样，只要持续，就能累积，而且随着指数持续向上，报酬率比存定存好太多了。”

小刘抓了一下头发并仍存质疑小声问道:“散户的优势在那儿呢?”

老徐立刻接着说:“就在可容忍性大及持续性长。因为在机构的交易单位中，单月超过7%的亏损是很难被容忍的，若交易员看好个股要持续再投入更是天方夜谭，绝对不可能的事。加上交易机构每年要结算绩效并重新分配资金，所以要将赚到的钱再投入创造出复利效果更是难上加难。但我们小散户自己就可以做到，不用像许多交易员一样，不断被迫买入及卖出不同的个股及调整仓位，投资上平白增加了许多的困难度。我们散户根本没有这种问题，自己的钱，不必受这些限制。”

静静仍满脸困惑地问：“那为什么散户会亏钱呢？”

老徐哈哈笑了一声：“因为想赚快钱，因为听信小道消息，因为贪婪与恐惧，最重要的是投资没有信心及耐心。”

“定投这件事绝对不是纸上谈兵，知道并做到知行合一，并不是每一个人都可以达成的，连老手都未必可以做到。”

小刘和静静想了一下，若有所思地点了点头。

知识点

为什么散户会亏钱？

并非所有的散户会亏钱，但是根据中国行政管理部门的数据来看，在 2014 ～ 2015 年的大牛市的 18 个月当中，股票市场顶端的 0.5% 获得了 31% 的正收益，金额达到 2540 亿的回报，而底层 85% 的家庭损失了 28% 的资产，金额高达 2500 亿人民币。在过去的 50 年中，金融投资的收益不均衡一直在持续中。

根据事后分析的数据来看，在股市繁荣期（牛市）不久，收入最高的 0.5% 家庭进入股票市场，而收入最低的

85% 家庭则减少了他们的股票持仓量；在高峰期过后不久，富人迅速退出了市场，收入最低的 85% 家庭则增加了持股。而这段时间，占市场市值 25% 的散户却贡献了 90% 以上的交易量。

从这些分析数据中我们不难发现，散户的交易较易受消息面、市场情绪及贪婪、恐惧的影响，交易比较没有计划，只想很快地赚到市场的钱，由于这些情绪的影响，所以投入大量资金或是全下（ALL-IN）时几乎都是市场高峰过后，买的价位都在市场高点，买股票多靠口耳相传消息，所以在市场泡沫破裂后，都被套牢在高点。

我们事后来看，只要不是在大牛市顶端买到的，指数或 ETF 通常都可以再回来，但是通常最好的买点都在市场最冷清、跌最多的时候，进场后接下来需要的只是时间与耐心而已。

老徐的故事　散户的方法

2020 年 8 月 27 日，我受邀参加了在台州的一场投资说明会。晚上在 2001 号的包厢中与上海证券交易所负责 ETF 投教的老师在餐桌上高兴地聊着天，大家交换着投资

ETF 的心得。

我喝着椰子水边笑着说道:“投资 ETF 根本没有风险。”

原先嘈杂喧闹觥筹交错的包厢内突然安静了起来，餐桌上的大家同时不说话且难以置信地看着我，不知道我说错了什么，还是想等我下一句有什么惊人不会亏钱的投资 ETF 心法，我不知道是否犯了行业大忌。

投资有风险，过去绩效不代表未来。这可能是金融从业人员耳熟能详的一句话。“投资 ETF 没有风险”可能犯了行业大忌。我想我可能表达得不太清楚，因为这句话听起来像极了拍马屁却拍到了马腿上。这不是我的本意。

我想起了 2015 年的股灾，我的好友小郭的一段经历。

自 2015 年 6 月中旬开始下跌，至 7 月底已经下跌了 28%，虽然行情仍未见底，但是由于跌幅已大，所以小郭决定开始每个月以固定资金承接 300ETF，并宣称要开始长期投入，与市场共存亡。但是接下来的 8 月份，行情续跌 14.53% 仍未见止跌，月中最大跌幅居然跌了 21.9%，让刚开始进入市场投资的小郭心中充满了犹豫与恐惧，离他宣布与市场共存亡仅仅才一个月。

2015 年 9 月份再跌了 2.75%，虽然跌幅已经很小了，短短两个月却已经让小郭失去信心。再也不敢投入任何资金。

接下来的10月、11月及12月连续反弹，让小郭小赚了11%立即出场。他直呼自己反应良好，手法精确，短短5个月即获取了高于市场绝大多数人的绩效。

2016年1月、2月行情再度大幅下跌，小郭津津乐道自己的投资睿智，号称“股神”也不为过，毕竟在那哀鸿遍野的时代，有这种绩效哪能不得瑟一番。

但是我们现在把300ETF的走势图拿来仔细再看一下，小郭若能持续地再投入，他的绩效绝对不止如此，到目前翻个2倍绰绰有余，但是却总是没能坚持。不仅仅是小郭，在我认识的所有人之中，几乎没有人能够在连续的下跌中持之以恒，他们总是在回本之后就立即出场。

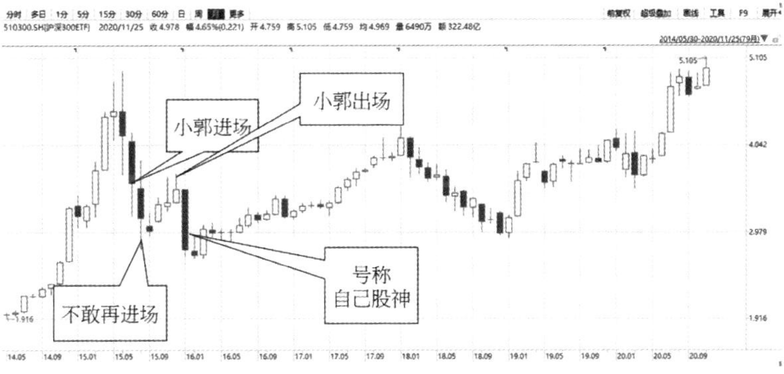

这就是一般散户的投资心态，比我们自己想象中有更多的恐惧与贪婪。

我知道那种感觉，非常不确定的感觉，当行情下跌时，仍要定投，你的心中一定在想："我这个月先休息一下，下个月价格更好。"或是"这行情跌那么凶，说不定会跌到1.8元呢，毕竟2013年也曾经有那个价格。"这许多过去不会想到的想法，一下子就涌上心头。

现在回过头去看2015年的走势，这些持续性的买入，根本算不得什么，5年多来（70个月）每个月的资金投入量，以今天来看不过是1.4%的投入而已，未来占的比重将会更小，可是当时却看得如此重要，如此的恐惧。

在投入之前，他们总是觉得是"确定的事"，但在中途却总是产生太多的怀疑与恐惧，以至于没有人能够完成这项工作，去做确定的事不是件容易的事，所以总是太少人能在股市中赚到大钱，这是股票市场中最难的部分。

5

市场会让哪些人亏钱……所以还是去定投吧！

不管是紧张激烈的德州扑克局，还是老徐跌宕起伏令人唏嘘的过去，这大半天众人用脑过度，饥肠辘辘。在万众期待翘首以盼中，老陈终于拎着几大袋子的肉和菜回来，静静欢呼雀跃，小刘也露出笑容，大家围上去七手八脚，不用分配就十分自觉地找到自己的任务。

老陈刷锅，小南洗菜，静静铺设碗碟，小刘放桌椅，老徐拿出自己从西施姐那带回来的几坛好酒，盖子取下，酒香四溢。

很快，热气腾腾的火锅宴准备好了。鸳鸯锅一格清汤一格红汤，鲜美的清汤锅清淡醇厚，红彤彤的辣锅香气诱人，肥瘦相间的羊肉片叠成小山，鲜嫩的青菜以及各类菌菇丸类分类码好，在春寒料峭的雨天，这样一顿火锅最能暖心暖胃不过。众人围坐在饭桌前热热闹闹，相识不过短短几天，日日同吃同住同玩，相处已如老朋友一般。

狼吞虎咽填饱了肚子，静静这才觉得自己的精神又回来了，她想起了什么，忍不住提问：“小南，你说德扑和交易很像，这两个有什么相似之处吗？”

小南思考半天也说不来个所以然，于是把问题扔给老徐：“我是个半吊子，还是让老板讲吧！”

老徐正捞起羊肉片，忽然被点名，接收到两个女孩子以及两个大男人热切的目光，他有点不自在地把肉片放进碗里，无奈地说：“比如说，在德州扑克里，如果你每次都下注很少，然后频繁弃牌，是没有办法赢到钱的。投资里面其实也在说这一件事，你常常都是轻仓的话，虽然赔得不多，但也赚不到什么钱，无法判断重仓时机，就代表你还没有入门。”

小刘觉得这是在说自己，显然静静也是，她用老师看学生的目光看着他老成地点点头，小刘用公筷捞起肉和菜放进静静碗里，“贿赂”她移开目光。

老徐接着说：“但如果你每次都重仓，每次都全下的话，这就代表你不了解游戏，你就想赌运气。我觉得这跟投资也很像，特别是很多投资人，他们在很多时候每次都是全部资金买入，事实上也等于说他们都不是很了解投资这件事，就是想赌运气而已。”

静静没等小刘看向她，就“礼尚往来”地给他夹菜，小刘吃得心安理得。

“所以我觉得这两件事某些时候还是蛮相通的。如果你稍微了解一点就会发现，即使不会打牌，你也可以按照书上的一些标准去做，拿到什么样的一个牌，可以押资金多少的百分比，这就跟定投比较像，如果希望投资能够比较稳定，我觉得就按照某个固定的方法去做，这至少不会让你在这个市场上吃亏。定投是有这样一个效果的。”老徐说完，继续埋头吃自己碗里的肉。

小刘思索后发言：“太谨慎和太冒进都很难赚钱，这个度也不好把握吧？”

老徐吃完心满意足，觉得小刘实在认真得有趣，他也正色回答：“其实你不用想怎么才能做到最好，还是跟打牌一样，谁永远不会输呢？你并不是要赢钱最多或把把赢，最后能赢钱才是最重要的。”

也是，能赚到钱就可以了，哪还能追求是最大赢家。小刘点头。

“但是像你这样缺乏信心和静静那样缺乏耐心，却是真的很容易在这个市场上亏钱。”老徐也给他们忠告。

小刘和静静好像被医生宣判了绝症，心下不安，面面相觑。

老徐失笑，安抚性地说：“我以前思考过市场一定会让哪些人亏钱，在这也可以讲给你们听。”

静静疯狂点头表示洗耳恭听，小刘又默默调出了手机上的记事本。

“**第一，心理素质不佳的人。**这样的人在涨的时候就会非常高兴，希望能够做获利了结，别的时候就会很害怕。一般人都会有这样一个情况，容易受到外界的影响打乱计划，所以通常这样的人报酬也不稳定，特别是不做定投 ETF 而是自己做交易的时候。虽然我认识很多的人还蛮有技术，学历很高，但他们在这个市场上总是不能赚到钱，即使他们知道行情未来会涨，可是有些风吹草动，或是看到一个消息心里就变得非常紧张，就立刻把仓位给砍掉，例如，像前一阵子芯片有利好的消息，我相信很多人应该一大早就跑去买入，结果都买到高档，像这种都很容易亏钱，很容易受到打击；另一种情况，比如说做定投 ETF 连亏了快三个月就受不了，就再也不做了，像这样的在市场上都比较没有办法赚到钱。我觉得心理素质还是挺重要的一个因素。所以我常说，在市场上比拼的并不是你的技术，而是你的心理素质，心理素质越好的人越能够在市场上赚到钱，我觉得这是第一个很重要的因素。”

小刘心虚地端起杯子喝了口水，以他的心理素质还真是基本上告别主观交易了。

老徐了然地笑笑接着说："第二，**风险意识太差的人。**风险意识太差，其实也隐含着对市场的了解不够，刚刚我们也提到，如果你总是轻仓的话，代表你还没有入门；但你总是重仓的话，就代表你根本不了解这个市场。特别是在做衍生品和期权的时候，风险意识的影响相对更大。我知道有些做股票的人常常去外面融资借钱投资，有人觉得这是一个机会，但是多数的人并没有评估这件事确定性到底有多高。这又回到我们的核心，越确定的事你才能够投入越大的杠杆。所以在执行定投的时候，把它当成一个定存来存股，若明确知道它未来会上涨的报酬大于融资成本，就可以去做一个杠杆的投入。

"但是对于一般性的交易，我觉得大多数人没有办法达到如定投般的确定性要求：如果你放太大杠杆的话，你可能对这个市场的波动性了解不够，风险意识太差，太想快速赚钱，才做了这样的决定。所以投资，为什么大家经常会亏大钱，也是这个原因。另外一点也要留意，你明明做的是对的事，投资逻辑也很好，方法也对，但你的资金却支撑不了它的回档，等于说发现一个很好的标的或投资方式却因为你的风险意识太差导致破产，过去房地产投资有许多就是如此。在未来回过头来看一定会发现：如果我当初杠杆放低一点，我就能避过破产，就能够在未来很好地盈利了。”

老徐轻飘飘地看了一眼静静，后者正在认真思考，手下无意识地叠着餐巾纸：“所以风险意识还是要有的，在遇到一些黑天鹅事件的时候，它能让你持续保有你的仓位，让你在长期投资上还能够持续地做一个累积。在市场上活下去很重要。”

静静不是固执己见、撞了南墙也不回头的人，这几天听老徐讲了这么多，她已经逐渐意识到自己过去的投资态度确实不可取，投资中没有风险意识无异于在给自己埋雷。听完老徐的这段话，她又把心里记下的“风险意识”四个字描黑加粗。

“第三，缺乏信心的人。因为 ETF 定投是一个长期的行为、长期的计划，所以常常遇到行情不断下跌的时候，有些人大概两三个月就没有信心，这种事我真的常常见到，而且每个人都一定会遇到这样的朋友。

“2015 年 A 股崩盘下跌，我一个朋友在沪深 300 指数从 5380 点跌到 3870 点的时候开始买入并开始定投，才做了刚刚两个月，指数跌到 3290 点就停下来不敢继续买入仓位了，因为真的感觉跌得太多了，害怕了，这是人类的本能，很正常的。之后半年，沪深 300 指数跌到 2890 点后，开始往上慢慢反弹，当指数弹到 3588 点的时候，他看到整体账户没亏钱就立刻平掉。后来沪深 300 指数就涨到 4300 点以上，再过 2 年以后就到了 4850 点，若将这几年的权值还原回去，今年已是历史新高了。如果他当时持续做下来的话，我觉得一定报酬不菲。但是他搞了一年多，中间停了一大段时间，结果打成一个平局，不赚不赔。我们做这件事是为了不赚不赔吗？完全不是。然而很多人都是这样，这是一种典型的普通交易者的心理，所以一定要有信心。”

小刘觉得老徐的这位朋友简直就是世界上的另一个自己，大跌一通，反弹得差不多了就赶紧平掉，再也不想受这种折磨了。

老徐喝水润了一下喉咙：“我觉得还是不要过于依赖自己的能力，而是要不断地强化自己对国家的信任，也可以跟对 ETF 有信心的人去谈一下，或者多看一下各大指数历史的走势，这样也许会让你更有信心。比如你们可以去看一下美国纳斯达克指数，看完你就会觉得：太恐怖了，这么下来的，还能再这么上去。”

图 5.1 纳斯达克 ETF 日线走势图

“其实一般而言，指数只要一直跌，政府就会制定出一些政策，比如货币宽松，任何国家都一样，这样的货币政策一出来，保有现金反倒是非常吃亏的。”

血汗钱就是这样缩水的。小刘心痛不已，在记事本上打下“要有信心”附加三个感叹号。

“**第四，迷信专家的人**。你可能会问身边一些做得不错的人、学历好的人，或者是比较有经验的人，现在可不可以买？什么时候可以卖？当你问出这些问题的时候，你可能就有这样的一个问题在了——你可能就是一个迷信专家的人，当然背后也可能代表你是一个没有信心的人。”

现在可不可以买和什么时候可以卖，小刘觉得这话好像在哪听过，但一时没想起来。静静对这话可再熟悉不过，她简直想找个地缝钻进去，这些问题她前两天才问过老徐，而炒股“专家”的微信现在还在她聊天界面置顶，她甚至开始怀疑老徐的这一套“市场会让什么人亏钱”的“讲义”是不是针对她量身定做的。

老徐没管小刘和静静的心路历程，持续输出自己想要表达的观点：“专家说出的话当然可以让你更有信心，但其实也代表了你的投资背后是没有计划的，你不知道接下来该做什么事，这在投资上是一个很大的盲点。所以我们可以想想自己，我迷惑的时候会不会去问一些像这样的事，特别是去迷信一些电视上的老师、一些名师或者是一些外资机构喝洋墨水的人，我觉得这都代表着在某些程度上你没有信心，代表着你没有计划。如果有这方面的问题的话，你在投资上可能还是要加把劲，持续这样可能迟早会被市场淘汰。”

弱肉强食，适者生存，自然法则在投资市场上同样适用。静静第一次萌生了给自己制定一个投资计划的想法。

“第五，没有耐心的人。因为我们要做长期投资，做了一两年资产没有累积下来就没有办法获得成功。我们知道定投的收益是真的，我们知道这件事的成功率是百分之百，但最大的问题是它很有可能三年以后才实现。

“我有一年外出讲课，到当地的时候跟其他人说，今年跌得很凶，这是一个非常好的机会，大家只要这个时候逢低买进，或者是每个月都买，然后持续抱住，一年之内一定可以赚到钱。我几年前在某次路演也说过未来指数一定会涨，因为那时候 50ETF 的价格非常低，都已经跌到两块钱以下了。我说一定会赚钱的，退一万步来说，至少长期会赚钱。

“我知道当时在场的众人都相信指数未来会持续往上，大家都知道未来一定是不会亏钱的。过了一年我有机会再次去了那个地方，开场前问了一下问题，有没有人去年听了我的讲课？有没有人在去年进场？有没有赚到？真正进场的人真的很少。”老徐摇了摇头，恨铁不成钢，“在数百名客户里面只有一两个能够做到这件事。因为受心理因素的影响，他们很有可能中途去做其他的投资，很有可能中途就止损，他们心中知道这件事是真的，未来可以赚到钱，但他们却做不到，他们完全没有耐心去抱住他们的仓位，更不用说加仓指数 ETF。或者他们觉得报酬率太低，或者他们想找更好的机会……我觉得很多原因，但他们共同点是，没有耐心把仓位好好地抱住，没有耐心持续在相对低档的时候增加他们的份额，他们也没有耐心去了解为什么长期指数会上涨，以增加他们的信心。这些许许多多的可能因素，都造成了他们在市场上没有办法赚钱。如果你们也这样没有耐心的话，迟早也是要被市场淘汰的。”

这个市场仿佛一面镜子，在此人性的弱点暴露无遗。

真实的故事往往更有力量，明知道赚钱为什么没有耐心持有？急于求成？盲目自大？静静答不上来，但她想敲打自己一番了。

老徐继续道：“我印象很深刻，大家总是在问我这只股票可不可以买，什么时候买？如果能够脱离去问这件事而专心去做你的计划，就已经离成为一个成功的投资者不远了。因为这表示你有信心，你有耐心，你的心理素质很好，你不迷信专家。这些品质都具备了，你就不会再问那些问题。”

“要有好的心理素质和风险管理意识，要有信心和耐心，不能迷信专家，这些要素都具备的真是大神啊。”小刘羡慕道，这样冷静自持的人绝对是市场上的少数派，但应该也是能持续赚到钱的那部分人。

“这些无法做到，那不如就去定投 ETF 吧，”老徐直言建议，“ETF 其实就是一种不做交易的交易，从长期来看，你自己基本上是不做选择的，不需要投入选择方面的精力，又持续做了一件高确定性的事，这是一个比较舒服的方式。因为我们最主要的目的是希望能够实现稳定的获利，而我们的选择，可能并不像想象中绝大部分是正确的，特别是绝大部分一般的投资人又不是专精在投资领域上，所以我们犯的错误可能会比自己想象中还来得多，那么这种做计划而不是做选择的方式，大概率会比绝大部分的人去做选择要来得更好。所以，你做计划还是做选择？”老徐留了一个疑问。

火锅咕嘟咕嘟沸腾，桌面上没有人回答，但大家心中都有了自己的答案。

“可是即使做计划更好，为什么要做定投呢？”静静垂头思考了好一会儿，然后用不解的眼光望向老徐，“这种速度太慢了，我永远也到不了财富自由。”

老徐深深吸了一口云烟——他以前是不喜欢这种烤烟的，但是到了云南后慢慢也习惯了。在吐烟的时候，他想到先前自己也有相同的怀疑：速度太慢了。

“人们对于太久太长的事，不确定的感觉会不断地加深，只有回过头再去看时，才会发现一切都那么的清晰可靠。”

老徐用左手摸了一下下颌短短的胡子，问了一声：“你希望多久得到财富自由？”

静静歪着头想了想，用不好意思的声音回答：“当然是越快越好。”

老徐了然地笑着说：“每个人都这么想，最好是明天就可以达到，除了买彩票外，这几乎不可能的。”

静静苦着脸：“那到底要多久？让我有一个心理准备。”

老徐把声音放低，用了一个听起来比较严肃的语气说：“这要看你需要多少钱？看未来行情的变化及你有多少资金而定了。这是一个数学问题。

“我不喜欢举一般书上用到的例子，因为过度夸大了，例如，一个20岁的年轻人，每个月投资1200元（每年14400元），如此持续40年，若可获得每年24.5%的报酬，到60岁的时候，他可以累积多少财富？答案是10亿元。”

小刘瞠目结舌，显然是被这个例子惊到了。

“以过去中国A股每年平均7.5%的报酬来看，如果你每个月投入3000元，若投入30年，仅投入了108万，但总收入却可达406万，那时你不过才50岁出头，也可以过不错的日子了；若投入40年，总投入144万，但总收入却可达913万。但是你运气好一点，若A股的报酬率有15%的话，同样每月投3000元，40年后，可以有9421万，这个金额应该非常够了。”

静静虽然对这些百万千万的回报很感兴趣，但当她听到

40 年时忍不住大叫了一声："9000 多万是够多了，但是要 40 年，这实在是太久了，我受不了。"

老徐眯着眼说："40 年很快的，一眨眼就到了，这是对我们一般投资者最好的方法了，若是乱投资，可能 40 年后什么都没有，就像我一样，只好在洱海边守着这一间小小的客栈。"

小刘听后反而笑着说："这样也不错，我也希望过这样的生活。"

老徐摆摆手说："你们年轻人受不了的，相信我这个过来人。但是话说回来，你们知道为什么我们要采用定投的方式，而不采用一次性投入的方式吗？"

小刘无奈地自嘲："因为根本没有资本做一次性的投入呀！"

老徐安慰道："除了这一点之外，我们一般的投资人根本不知道如何择时，95% 以上的投资人择时投资都是损失的。根据上海证券交易所的账户年化收益数据，在 2016 ～ 2019 年 6 月的 3 年半时间，不管是账户在 10 万以下的超级小散户还是千万级别超高净值人群，单账户平均年度收益均为负数，只有机构投资者和公司法人投资者在此区间统计实现了正收益。虽然在统计中机构投资者收益颇丰，但究其内容，其中近三年的选股收益为正 1807.48 万元，但择时收益为负

417 万元，所以不管是散户还是机构在 A 股市场都无法靠择时取得正收益，至少交易所的资料是如此告诉我们的。

“既然无法择时获利，那就不要择时，不如平均一下进场成本。”

老徐随手拿了一张纸，画了一张图说：“这就是最著名的“基金微笑定投图”，不管在何时投入，获利的机会都是 99.5% 以上，本金保证安全，这就是所谓的确定的事。”

老徐用手指道：“如果我们持续地投入，我们的平均成本将落到这条黑色的线上（见图 5.2），当 ETF 价格高于这条线上，我们就一定是获利的。”

图 5.2 微笑基金投资曲线图

“其实这种方式，与其说是定投，我比较喜欢叫它定存，存 ETF，然后等它增值。”老徐很坚定地说出这句话。

“大多数人将精力花在平庸的机会上，根本不值得，投资最好的机会仅有那几天而已，但根本难以捕捉到。《黑天鹅》一书的作者曾指出，美股标普 500 过去 50 年，有一半报酬是在单独的 10 天内实现的，若是你在这 10 天内未持有股票，你 50 年的回报会缩水一半；根据《金钱谎言》一书的作者瑞克·艾德曼（Ric Edelman）对 1997 ～ 2006 年标普 500 的研究，这 10 年间，有 74% 的回报是在 10 天内产生的，接下来 26% 的回报是在 5 天内产生的，而这 15 天中有 12 天是在 2000 年至 2002 年的熊市中出现的，虽然其他日子涨涨跌跌，但是你不长期持有并持续定投，可能无法达到该有的获利。”

静静在听完老徐教科书般的话后，虽然难以置信地点了点头，但却欲言又止，最终还是心不甘情不愿地说：“难道没有更好的方法吗？”

老徐笑着说：“有的，但要等你投资成熟一点再说。因为杠杆不是你这种心浮气躁的小女生可以控制的。”

老徐的故事 市场上哪些人会亏钱呢？

压力让他没有耐心，让风险失去了控制。

到底市场上哪些人会亏钱呢？总结来说，就是太想赚钱的人，很讽刺吧？愈想在市场上快速赚钱的人反而愈赚不到钱。

小杨是公司交易室里的一位手轻交易员，他交易以短线日内 T+0 交易为主，方向看得准及仓位加码得当，绩效在过去一年都很不错。但是在 2013 年，股价指数市场日内的波动突然变得很小，由于小杨的交易以抓住市场的日内短期方向性突破为主，而这段时间市场在日内有了方向之后获利空间变得很小，常常有突破却又立即拉回，让他不断地止损，赚小亏大，虽然金额不大，但连续不断的来回刷洗使损失不断累积。这情况已经持续了 3 个多月，所以他的账户陷入低潮已经很久了，并且没有起色。

这 100 天，说长不长，说短也不短，但对每天必须面对市场的交易员是一种折磨，连续 100 天的折磨，在每天盘后检讨时，相同的理由已用了 100 次，这使得他不断地遭受其他交易员怀疑的眼光，心情也日渐低落。

有一天，小杨在复盘交易之际，发现虽然指数波动不大，但个股却相对活跃。他不断地想，如果能在相对有趋势的个股上波段交易，或许能够摆脱连续损失的困境。他向公司申请资金加入了个股波段交易的行列。他想："如果能够运用短线技术在股票交易上，不仅仅能赚到波段的钱，也可以赚到短期波动的钱。"由于他实在太想赚到钱，他当时不知道自己不能同时有效地控制短线与长线的交易技巧，当波动突然变大时也让他变得不知所措，进退失据。

2013 年 6 月 26 日，小杨趁着行情回调开始建立他长期看好的台积电的仓位（图 5.3A 点处），第二天股价立即大涨 6.22%，他只恨自己的仓位建得太少，但接下来的两周，行情陷入了上下震荡的局面，小杨低进高出，做得仍然有声有色。直到 7 月 19 日，由于公司业绩发布与市场预期相差太多，第二天股票开盘不久台积电即应声跌停板（图 5.3B 点处），这让小杨相当傻眼，立刻陷入不知所措的困境。

"应该立即止损？还是写报告再持有股票？"小杨陷入了思考。

由于前几个月已经陷入连续损失的窘境，现实的压力绝不允许他再失败，所以他写了报告重新设立了止损价位，并重新提交了交易计划。

接下来一周行情略有起色，几乎快回到大跌前的价位，只需要再多涨一点点。但 happy ending 的故事在现实社会并不常见。连续高开低走的行情，在一个月的时间，股价又再创了低点（图 5.3C 点处），又来到小杨应该止损出场的价位了。制度上就算你不止损，公司也会代为执行，无奈中仍要清仓所有股票，并进入禁闭模式，一个月不能交易，专心写检讨报告并提交新的交易计划。

图 5.3 台积电 2012 年 7 月至 2013 年 8 月日线走势图

但小杨实在心有不甘，因为这次的损失并不大，而且止损出场后，股价即开始上涨，他的运气实在是太差了，居然在当年的最低价出场（图 5.4A 点）。

检讨会上的马后炮指责更让他难以忍受：

“明知道要开业绩发布会，为什么不提前一天清仓？”

“进场后的大涨时就应该全数出场，以量价关系来看，这本来就应该出场。”

“台积电今年的表现看法就很分歧，为什么要交易这只个股？医药与百货业多好呀，为什么不买入呢？”

这些指责一点帮助都没有，只会让他压力愈来愈大，想一下子让大家对他刮目相看。

图 5.4　2013 年台积电日线走势图

当开始可以交易时，小杨交易手法变得更急了，有机会即重仓入场。这时他的净值波动开始变大，回调金额也逐步变大，交易的心态完全崩塌了。2013 年本来就不是个趋势明显与波动大的年份，经过了几次重压的止损与检讨后，小杨的亏损直线扩大，公司对他的限仓也无法改变他亏钱的速度。春节过后，小杨离开了公司。

我们事后来看台积电长期的走势图，当时2013年不过是个小小的波澜而已，与接下来的8年的走势相比甚至算不上什么波动，但却让一个交易员在那段时间的交易彻底崩溃。

图5.5 2012年至2020年台积电周线走势图

小杨的交易在正常的时候没有什么问题，他甚至维持了好长一段时间的稳定获利。可是当他的交易体系短期不能再度获利时，他陷入了迷惑，对他原先的交易方法产生了不信任的感觉，而连续的没有赚钱，也使得他急于在更短的时间将原先的损失赚回来，而使风险失去了控制。

这一切一切，不管什么原因，都是因为了他太想快速赚到钱了。

6

更好的方法，杠杆与复利的威力

ETF定投确实充满吸引力，静静也想做计划，但耐心这件事说起来容易做起来难，每月定投几千块要等到几十年后才能看到成果，她总觉得以自己的性格可能没有办法等到四五十年后复利展现出来的那一天。

又想做计划，又不想等太久，问老徐有没有更好的办法，他却说她的投资不成熟，静静十分好奇，心里痒痒的。

小刘也充满好奇地问："真的有更快的方法吗？"

能够快一点达到目标肯定是每个人都想知道的方式，只是真的有那种方法吗？

静静明确地表示不相信，转过头和小刘说："徐老板肯定是骗人的，不然怎么可能都没人听过呢？要是有可以快一点的方法，那市场上的书籍里早就会写了，专家们也不会放过这个名利双收的机会，那我肯定不会连听都没有听过。"

静静和小刘两个人表情丰富，一唱一和，看向老徐的目光中装模作样地掺进了怀疑。

老徐看着他们两人演着双簧用着拙劣的激将法，真是非常迫切地想知道答案了，于是他双手一摊，无奈地说："好吧，我真是说不过你们。其实答案非常简单，如果是确定的事，就可以用更大的杠杆去做，只要能避免破产风险，就可以更早去达成目标的。”

小刘还没出戏，立即反应说：“难道要去银行借长期贷款？我连买房子的贷款都想老半天了，投资 ETF 居然反而要去贷款？父母知道了我去干这种高风险的事铁定打死我。”

静静也夸张地反应说：“你这里不会是地下钱庄吧，表面上是客栈，但实际上却是个坑杀我这种年轻美丽且无知善良的少女的火坑？”静静戏精似的双手抱胸，虎视眈眈地看向老徐。看着她的表演，小刘实在憋不住了，率先“叛变”扑哧一笑，然后惹来对方一个白眼。

老徐乐不可支：“你们的想象力也太丰富了，是侦探小说看太多还是武侠小说看太多？我这间破客栈看起来像是黑店还是龙门客栈？”

“哈哈”笑完，老徐回归正题：“这市场上有种东西叫作衍生品，可以让投资人以非常低的成本去放大杠杆，只是很多人误用了这个工具而已。”

小刘跟上老徐的思路：“您指的是期货还有期权吗？这个我以前在学校学过，身边也有朋友玩过，但听说结局都不太好……所以是不是这个东西还是少碰为妙，总感觉听起来就是大赚大赔的事。”

小知识

- 期货（Futures）：期货是期货合约的简称，是由期货交易所统一制定、规定在将来某一特定的时间和地点交割一定数量标的物的标准化合约。
- 期权（Options）：该合约赋予持有人在某一特定日期或者该日之前的任何时间以固定价格购进或售出一种资产的权利。

小刘一听到衍生品就不禁皱眉，耳边似乎已经响起了危险预警，他始终在避免接触这种有可能大赚大赔的东西，而且显然对没有经验的人来说，赔才是大概率事件。不管是道听途说还是亲眼所见，投资过衍生品的亲友几乎没一个有好的结果，特别是前几个月，他的一个亲戚投资了中国银行发行的原油衍生品（原油宝），在那么低的价格买入居然还发生了惨赔事件，因为价格为负，低价买的单位愈多，赔得愈惨。

听到小刘如此说，静静也对“更好的方法”有了疑虑，她虽然目前赔得很惨，但还远没到倾家荡产的地步。

老徐宽慰大家说："有风险意识是很好的，但也不要因噎废食是不是？你们别急着否定，可以先听我慢慢说。我们现在纯粹从逻辑上来思考，既然是使用杠杆且这杠杆是我们自己可以控制的，我们也可以使用衍生品而不使用杠杆，虽然投入的规模会受到一定的限制。例如，一张上证 50ETF 期权合约，代表的单位数是 1 万股上证 50 的 ETF，投资期权的最小单位是 1 张，那表示你投资的最小单位就不可能少于 1 万股。当上证 50ETF 的价格为 3.3 元时，1 万股 ETF 的市值为 33000 元，所以要使用期权来定投的话，每个月的定期投入可能要 33000 元以上才行。你每个月投入 33000 元做一张期权，属于没有使用期权的杠杆来定投。由于这种定投期权的方法每个月所需投入的金额较大，所以可能比较适合工作两年以上，有些存款的投资人，他们可以利用这种方式将其他放在固收的投资的资金每个月转移 33000 元到权益的投资上来。"

静静和小刘乖巧地点点头，这种操作方法倒不是很难理解。

"意思是我做一张期权，事实上即是做了市值 33000 元的上证 50ETF。"静静在心中自己复习了一下。

老徐稍微停了一下给两个人消化思考的空间，他喝了一口茶，再继续说："当然也可以用中国金融期货交易所的上证 50 股指期货来做，但是金额实在是太大了，以指数 3200 点附近来看，期货每一点的损益是 300 元，故每一手的市场价值为 96 万元（3200 × 300=960000），如果要定投 1 手金融期货的话，每个月投入 96 万市值的上证 50ETF 才行，否则就会用到杠杆，要投资那么大的金额，他的资产应该要有上千万元，对刚出社会的年轻人来说应该不容易，所以我们接下来还是用上证 50ETF 来说明。"

小刘好像来到了一个新奇未知的世界，他没有做过期权，身边做过的人也都成了反面教材，他现在一面恐惧潘多拉魔盒打开会放出能吞噬掉他的妖魔鬼怪，一面也期待打开后是能让他衣食无忧的无价宝藏。而老徐就像是能让他看清盒子真正功能的引路人，所以他希望引路人能快一点讲下去，于是主动开口询问推动这一进程："那要如何才能利用期权来买入 ETF 呢？就我所知，买入认购期权可能会赚个几十倍，但到期时也可能连一点点钱都不剩，大家都说风险有限，利润无穷，但我认识的朋友中从来没有买期权发财的。卖出期权，听说最多仅能赚到权利金，怎么看都不适合呀！"

小知识

- 认购期权（call option）又称看涨期权，是指期权的买方向期权的卖方按照期权价支付一定数额的权利金后，拥有在期权合约有效期内，按事先约定的价格即执行价向期权卖方买入约定数量的相关期货合约的权利，但不负有必须买进的义务。期权买方若不想买期货，只需让该合约到期作废即可。
- 认沽期权（put option）又称看跌期权，是指期权的买方向期权的卖方按照期权价支付一定数额的权利金后，拥有在期权合约有效期内，按事先约定的价格即执行价向期权卖方卖出约定数量的相关期货合约的权利，但不负有必须卖出的义务。

老徐说："要使用期权买入上证 50ETF 有 3 种方法，第一种方法就是买入认购期权。第二种方法是利用期权做成一个合成期货，即买入认购期权并卖出同一行权价的认沽期权，例如，买行权价 3.3 元的认购期权同时卖出行权价 3.3 元的认沽期权。第三种方法是卖出认沽期权，这也是目前比较流行的办法。"

“我们先复习一下，期权的买方有权利，卖方有义务。卖出认沽期权除了传统教科书中说是不看空之外，也是许多机构或长线投资人取得标的资产的一种方式。举例来说，静静今天卖出行权价 3.3 元的认沽期权，代表什么意思呢？这表示到期时，只要上证 50ETF 的价格跌到 3.3 元以下，静静就有义务用 3.3 元的价格买入上证 50ETF 的现货，所以当静静卖出行权价 3.3 元的认沽期权时，即表示她希望用 3.3 的价格来买入上证 50ETF 的现货 10 000 股。”

“那有什么好处呢？”静静表示疑惑地问道。

老徐说：“因为卖出认沽期权你可以多赚到时间价值呀！举例来说，现在你卖出行权价 3.3 的认沽期权，价格是 0.0660 元，表示到期时你可以收到 660 元（因为 1 万股）的时间价值，但是要保证某些条件下一定要用 3.3 元的价格买入上证 50ETF。

“若是到期时（每个月第四个星期三）上证 50ETF 的价格高于 3.3 元，买入认沽期权的投资人将会放弃权利，所以你也没有机会用 3.3 元买入上证 50ETF，所以可以赚到 660 元的权利金。

“但是当到期时，上证 50ETF 的价格低于 3.3 元时，你就必须用 3.3 元买入上证 50ETF，可是那 660 元的权利金仍是你的，所以你到时会拥有用 33 000 元买入的上证 50ETF 一万股加上 660 元的权利金。”

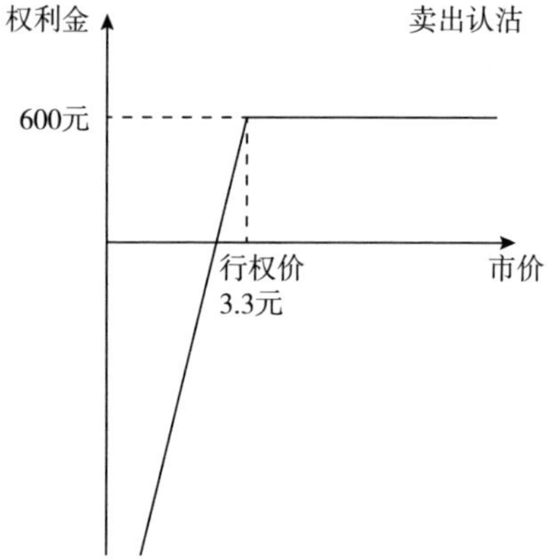

图 6.1　卖出认沽期权的损益示意图

静静听得确实有些头昏脑胀。没有做过期权的人，其实很难理解这件事，她只好似懂非懂地回答道：“就是使用行权价来买入 ETF 的意思吧。”

老徐笑着说：“不了解没关系，到时候开户做一张，千万不要多做……到时候就知道情况了。”

老徐又自顾自地说了下去：“比如说，静静每个月可以投入 16500 元（33000 元的一半），这时她每个月可以卖出一张行权价高于目前上证 50ETF 5% 实值附近的认沽期权，由于静静手中仅有 16500 元却投入了市值 33000 元的期权，所以实际上静静是以约 2 倍的杠杆买入了上证 50ETF。又由于做的是期权，每个月的第四个星期三会到期结算，所以在期权即将到期的最近一至二天，时间价值在10元以内时，可以立即将仓位换到下个月去持有。由于我们是定投，这时候你可以把每个月换仓当成定投的入场时间，所以换仓的同时再多卖出一张认沽期权，这时就达成了每个月都会多投入一张的定投效果。”

小刘似乎看出了一些端倪：“这似乎与平常的定投有些不同呀？”

老徐露出惊奇的眼光看着小刘：“你真是聪明，这确实与定投有些不同，因为我们一般的定投是采用固定金额的投入，如果ETF的价格较低的话，我们可以买入较多的单位。但使用期权定投，不仅要每个月换仓，并且由于一个单位是1万股，除非我们定投的资金规模够大，才有可能随着行情高低改变卖出认沽期权的数量，否则我们就固定投入一张，让杠杆在1~2倍之间即可。”

小刘好奇地问道：“是否有方法可以使杠杆固定呢？”

老徐摸着下巴看了小刘一眼，说：“当然可以，只是比较麻烦而已。例如，现在的上证50ETF的价格是3.30元，市值是33000元，而你每月定投的金额是16500元，要投价值33000元的市值，这时已使用了2倍的杠杆；下个月再定投时，上证 50ETF 是 3.20 元，市值是 32000 元，你定投的金额仍是 16500 元，所以你这个月定投所使用的杠杆仅有 1.94 倍（32000/16500 ≈ 1.94）了。若要杠杆仍为 2 倍，必须有投入市值是 33000 元的 ETF，所以你只要再买入 1000 元（约 300 股）的上证 50ETF 现股即可。但是若行情上涨，你卖出一张认沽期权则被强迫使用了较大的杠杆，若要固定杠杆倍数，可以将先前买入的 ETF 卖掉，如此一来就可以达到固定杠杆定投的效果了。不过为了方便起见，在行情涨跌 20% 之内，可以不做这样的调整，以保持投资的简单性。”

小刘好像听懂了，点了点头。静静看起来却是头大如斗。

老徐看了他们两个人一眼，不管他们是否听得懂了，喝了一口茶继续再说：“可是我们每个月定投一张认沽期权且不断换仓，这样子仅仅只有定投，并没有达到‘复利’的效果，所以要利用期权达到复利的效果，可以利用每个月必定可以赚到的‘时间价值’的金额再固定买入 50ETF 的现股。例如，在卖出期权的同时，因为知道会有 660 元的时间价值，所以可以先买入 200 股（660/3.3=200）的上证 50ETF 现股，我们每个月都有时间价值，每个月都可以买入相对应数量的 ETF 存放着，一直重复地做且将 ETF 存起来，这个动作就会有复利效果了。”

这时静静不好意思地问道：“时间价值怎么算呀？”

老徐说：“期权的价值中，包含了内涵价值与时间价值，我们可以直接举例子。”然后拿出手机上期权的报价给静静看。

上证 50ETF 现在的价格为 3.366 元，当月行权价 3.4 的认沽期权价格为 0.0759 元，若是现在立即行权的话，期权至少值多少钱？这价值就是它真正的内涵价值。由于权利是可以用 3.4 元卖出 ETF 的权利，现在 ETF 才 3.366 元，所以这个期权至少值 0.0340 元（3.4–3.366=0.0340），1 张期权契约是 1 万股即是 340 元，而剩下的则是期权的时间价值 0.0419 元，1 张期权契约是 419 元。

内涵价值为：3.4–3.366=0.0340 元。

时间价值为：0.0759–0.0340=0.0419 元。

小知识

❒ 内涵价值：立即履行期权合约时可获取的总利润，它反映了期权合约中预先规定的履约价值与相关期货合约市场价格之间的关系。内涵价值为正值和可能在日后履约时获利的期权称为实值期权；内涵价值为负值和可能在日后履约时亏损的期权称为虚值期权；不具有内涵价值和日后履行时既不会盈利也不会亏损的期权称为平值期权。

❒ 时间价值（Time value）：也称外在价值，是指期权合约的购买者为购买期权而支付的权利金超过期权内在价值的那部分价值。时间价值的价值来源于是距离到期前的不确定价值。波动性越大，标的物价差越大，其内在价值变动的可能性越大。而且期权盈亏非线性，亏损有限，而盈利时会很多，使得期权买方由时间价值带来的收益期望较高，而卖方需要承受时间价值带所来的风险。

小刘接着又问了最关心的问题："我知道期权是使用保证金的，如果行情持续地下跌，会不会面临强平的情况？"

静静看了小刘一眼，心想：这样的问法确实符合小刘的个性，没想到赚钱却先想到了亏钱。放在以前，她肯定对这种畏手畏脚的做法嗤之以鼻，但如今经过几天的交流讨论，她才惊觉自己以前有多么莽撞。无知者无畏，了解得越多反而会更加谨慎。小刘察觉到她的目光，不自在地摸了摸鼻子。

老徐答道："使用2倍的杠杆来定投，自2015年以来，虽然遇到崩盘，但也并未发生强平的情况。但也不能保证未来不会发生，如果发生一个月下跌40%以上的走势，就会发生强平的情况，所以为了保险起见，使用1.2～1.5倍左右的杠杆确实是比较安全的做法。甚至有人在不同的价位水平使用不同的杠杆倍数，在价格水位愈低时用更大的杠杆，但最多不超过3倍，在此我就不多说了，以免把一件简单的事说复杂了。"

静静无奈地调侃老徐："早就更复杂了……"

虽然这么说，但她心中已经知道，如果要做定投确实有一个更快的方法可以让她更快达到财富自由，只是目前的收入及所得没有办法可以一个月定期投入15000元而已。

看到面前的女孩子单手托腮，突然陷入沉思，老徐就像有透视眼一样看穿她心中所想："如果你只有一个月投5000元的能力，却想一个月卖出一张认沽期权，那么你可以自己计算一下到底用了多大的杠杆？"

静静被惊醒，急忙打开手机自己算了一下：上证50ETF目前10000股的价值是33000元，每个月仅有5000元的投入，杠杆倍数居然高达 6.6 倍（33000/5000=6.6）！

虽然已经知道如何运用杠杆来进行定投，但是因为风险太高而没有办法使用，静静心中觉得太可惜了。

小刘似乎也看穿了静静的想法，笑着安慰她说：“至少已经知道怎么使用杠杆了，未来一定会有机会用的，不过现在你可以从每个月投入 5000 元开始，开头保守一点总是好的。”

静静心中明白但依然嘴硬：“我就是心急，哪像你那么胆小。”

老徐听着两人的对话，不禁摇头微笑。

老徐的故事之六　使用杠杆定投

这是一个真实的故事。

有一位同事小风，在 2015 年开始和我一起在上海工作，由于某些原因，他离开上海回到北京结婚了。

2018 年 6 月的某一天，我因为工作的原因也来到了北京，所以就约了一起吃饭。

他和我说，他想了很久，因为工作没有办法常常看盘，他想做定投，但又觉得每月定投买入 ETF 有点太慢，所以想大胆试一下我当初提的使用 50ETF 定投方法，做一个真实的实验。

我担心他意志不坚定，因为2018年持续的下跌，我也不知道行情会跌到什么价位，又很担心他会用很大的杠杆，在行情的下跌中控制不好爆仓被强平，所以再三叮咛一定要小心控制杠杆。

我想起2015年上证50ETF刚上市之初，许多同事就开始讨论使用长期“备兑开仓”是否比直接持有ETF报酬好这件事，虽然美国的例子一再显示备兑开仓绩效优于长期持有股票，但是国内没有实际的历史数据，由于国情不同，大家看法莫衷一是。

美国芝加哥CBOE交易所有BXM指数（Buy Write Index），是持有S&P500的同时卖出平值认购期权，其中所展现的“备兑效果”使得该指数长期看起来确实比长期持有S&P500指数佳，所以当国内有期权后，大家都对增强原有的50ETF这件事跃跃欲试，因为这对我们的长线投资确实大有帮助。

2020年5月，我国也推出了“备兑指数”，称为上证50备兑策略指数，指数计算原则是我们持有上证50ETF时，可同时卖出虚值5%行权价的认购期权，并于最后交易日前第 3 个交易日调整至次月。如果持有的上证 50ETF 行情下跌，认购期权的权利金可以“稍微”保护下跌风险，但行情上涨时则要将手中的 50ETF 以行权价的价格行权出去给买方，最多仅能获利 5% 加上权利金，无法享受到一个月内大涨超过 5% 的优势。想象中，行情要那么多的大涨，概率应该不高，所以长期下来理论上仍较单纯持有好。

但是，根据买权卖权平值理论，持有上证 50ETF 现股同时卖出与 50ETF 价格 1.05 倍行权价认购期权所形成的备兑，理论上应该与单纯卖出上证 50ETF 价格 1.05 倍行权价的实质认沽期权一样，即：

买入 50ETF+ 卖出 1.05 倍行权价认购期权合约 = 卖出 1.05 倍行权价认沽期权合约

例如：

上证 50ETF 价格为 3.30 元，其 1.05 倍行权价为：3.3 × 1.05=3.465，取最接近行权价为 3.50 元。故买入上证 50ETF+ 卖出 3.50 行权价认购期权，会等于直接卖出行权价 3.50 元行权价认沽期权。

简单地说，备兑开仓 ETF50 期权等于卖出相同行权价的认沽期权。

小风很有把握地跟我说，他自己也研究试算了一下，觉得采用50ETF期权这件事问题不大，而且加上杠杆的投资，值得好好地体验一把，至于资金与坚持持续的投资也自认没有问题，绝对可以妥妥地完成。

其实我也很有兴趣，虽然在纸上在理论上计算且写了很多遍，但在实际上，在未来上是否能够表现得那么好？况且2018年行情一直在跌，理论上ETF价位也不在高档，若采用2倍的杠杆风险应该不高，所以我也乐见其成支持他去做这件事，我唯一要做的是定期与他讨论，看看在实行上有没有实际的困难度，计算上有没有缺失之处。

小风在2018年6月25日开始实行这项计划了。

为了简化，就每月投入15000元，卖出1张实值5%的认沽期权，相当于买入1万股的ETF。由于当时ETF价格是2.50元，故市值以25000来计算，他使用了1.67倍的杠杆，当然这杠杆倍数会随着ETF价格下跌而减小，随ETF上涨而增加。

每个月到期日当周的周一将认沽期权平仓，换至下个月。每个次月换仓日时增加一张卖出认沽期权。

在这两年之间，我偶尔也会在许多场合说使用ETF期权取代ETF的定投，获利数字虽然不错，但苦无实际例子。

2020 年的十一长假，又和他见面了，虽然平时偶尔联络，但实际见面却可以深入了解过去两年实际的情况。

图 6.2　上证 50ETF2018 年 4 月至 2020 年 9 月 30 日走势图

经过了 2 年又 4 个月的投资，小风目前的报酬率为 29.77%，虽然谈不上很好，但已经比每个月直接买 15000 元上证 50ETF 的报酬率好了。

表 6.1　每月定投 15000 元卖出 1 张实值 5% 认沽期权累计损益表

	期权定投获利	总投入资金	报酬率
2018/6/25	0	0	0
2018/7/23	279	15000	1.86%
2018/8/20	-1633	30000	-5.44%

续表

	期权定投获利	总投入资金	报酬率
2018/9/25	3062	45000	6.80%
2018/10/22	2982	60000	4.97%
2018/11/26	-3068	75000	-4.09%
2018/12/24	-7178	90000	-7.98%
2019/1/21	109	105000	0.10%
2019/2/25	11285	120000	9.40%
2019/3/25	9998	135000	7.41%
2019/4/22	27948	150000	18.63%
2019/5/20	3935	165000	2.38%
2019/6/24	23567	180000	13.09%
2019/7/22	22852	195000	11.72%
2019/8/26	23160	210000	11.03%
2019/9/23	35685	225000	15.86%
2019/10/21	43205	240000	18.00%
2019/11/25	40944	255000	16.06%
2019/12/23	48792	270000	18.07%
2020/1/20	63023	285000	22.11%
2020/2/24	34763	300000	11.59%
2020/3/23	-38107	315000	-12.10%
2020/4/20	6069	330000	1.84%
2020/5/25	11198	345000	3.25%
2020/6/22	42686	360000	11.86%
2020/7/20	91961	375000	24.52%
2020/8/24	107509	390000	27.57%
2020/9/21	123277	405000	30.44%
2020/10/26	125013	420000	29.77%

小风说："其实过程还是比较辛苦的，压力特别大，主要前半年都没有什么获利，心理上的压力真的很大，每个月固定的投入，且又是使用的衍生品，未来的获利根本看不清楚，很担心突然会亏一大笔钱，但是试算过后，理论上应该是没有问题的，所以坚持下来了。"

"这真是个不容易的过程。"我感叹地说。

这样的做法困难点真的还不少，首先必须按照计划每个月都按计划换月，并且持续再投入；再者，在2020年1月份，好不容易赚了22.11%，但是在2020年的3月份居然整体投入的资金亏了12.10%，投入了21个月之后，居然整体又亏那么多，坚持下去真的需要很大的毅力。若是在当时止损不做了，那损失可大了。

我跟他说："我认识不少人，在大亏之后，一有获利就全部出清了，若是你在2020年4月份全部出场，那你2年左右可能只能赚到1.84%。"

小风说："当时很担心，心中一直想着会不会爆仓这件事，很怕行情一直跌下去，因为疫情的事真的很恐怖。我当时也在想要不要就此出场，然后当成定存好了……"

我笑着说："还好你坚持了，否则就真的可惜了。"

小风接着拿出了一个比较表说："若是每个月固定投

入15000元买入上证50ETF，其实效果也不错，只是报酬率没有使用期权来得好，但是在行情下跌时心理压力没有那么大，而且也不用每个月去换仓，若是对期权了解不透彻，我可能还是建议使用ETF来定投比较舒服。”

“为了多赚那一点钱，承担了不少的压力，我不知道值不值得。”

表6.2 同样每月15000元，资金投入期权及ETF损益比较表

日期	总投入资金	期权定投获利	期权报酬率	基金定投获利	基金报酬率
2018/6/25	0	0	0	0	0
2018/7/23	15000	279	1.86%	124	0.82%
2018/8/20	30000	–1633	–5.44%	–1173	–3.91%
2018/9/25	45000	3062	6.80%	1427	3.17%
2018/10/22	60000	2982	4.97%	1404	2.34%
2018/11/26	75000	–3068	–4.09%	–2896	–3.86%
2018/12/24	90000	–7178	–7.98%	–8259	–9.18%
2019/1/21	105000	109	0.10%	–2790	–2.66%
2019/2/25	120000	11285	9.40%	16616	13.85%
2019/3/25	135000	9998	741%	11150	8.26%
2019/4/22	150000	27948	18.63%	25362	16.91%
2019/5/20	165000	3935	2.38%	10915	6.62%
2019/6/24	180000	23567	13.09%	28255	15.70%
2019/7/22	195000	22852	11.72%	25816	13.24%
2019/8/26	210000	23160	11.03%	25241	12.02%

续表

日期	总投入资金	期权定投获利	期权报酬率	基金定投获利	基金报酬率
2019/9/23	225000	35685	15.86%	30415	13.52%
2019/10/21	240000	43205	18.00%	33233	13.85%
2019/11/25	255000	40944	16.06%	31372	12.30%
2019/12/23	270000	48792	18.07%	30020	11.12%
2020/1/20	285000	63023	22.11%	37578	13.19%
2020/2/24	300000	34763	11.59%	24432	8.14%
2020/3/23	315000	−38107	−12.10%	−15536	−4.93%
2020/4/20	330000	6069	1.84%	16779	5.08%
2020/5/25	345000	11198	3.25%	13948	4.04%
2020/6/22	360000	42686	11.86%	32596	9.05%
2020/7/20	375000	91961	24.52%	84793	22.61%
2020/8/24	390000	107509	27.57%	86549	22.19%
2020/9/21	405000	123277	30.44%	88486	21.85%
2020/10/26	420000	125013	29.77%	85363	20.32%

我仔细看了并比较了报酬率：在最后一个月，使用期权报酬率几乎多了 50%。当然，使用固定金额的 ETF 定投还是有其优越性的，例如，在行情下跌时可买较多的权益，并且承受的心理压力较小。另外，若是当月有上涨的大行情，例如 2019 年 2 月及 2020 年 7 月，当月行情上涨超过 10% 以上，使用期权卖方享受不到当月大赚的快感。不过若把时间拉长后，使用期权定投的资金使用效果还是

较好，只是获利没有多到 2 倍以上，这是美中不足的。

小风说："其实我一直在考虑，ETF 价格已经来到相对较高位置了，未来是否仍然要使用期权的杠杆来定投？因为这确实不轻松，心理压力太大了。"

我说："你还是没有将使用杠杆的复利效果用得更大。我们使用期权来投资，实际上使用的资金较少，可能仅使用了 1/5 的钱，其余的资金主要是为了下跌时备用的。但是我们在卖出期权时有时间价值，可以在卖的时候，立即计算这个仓位的时间价值是多少，然后再用这个月可以收到的时间价值来买入 ETF，每个月都这样做，这时长期投资的复利效果可以更好地显现，风险也不会增加多少。"

小风说："能不能再说得清楚一点？"

举例来说，2018 年 6 月 25 日，卖出 1 张行权价 2.7 元认沽期权，价格是 0.1616 元 / 股，当时的 ETF 价格为 2.548 元。期权的内涵价值为：2.7−2.548=0.1520 元；时间价值为：0.1616−0.1520=0.0096 元。

第一个月，因为时间价值太少，没办法再买入任何的 ETF，但这 96 元（0.0096×10000=96）的金额可以和下个月换仓后的时间价值合并后用来买 ETF。

第二个月，2018 年 7 月 23 日，卖出 2 张行权价 2.7

元认沽期权（每个月定期投入加上前一个月的换仓），价格是 0.1458 元 / 股，当时的 ETF 价格为 2.569 元。期权的内涵价值为：2.7−2.569=0.1310 元；时间价值为：0.1458−0.1310=0.0148 元。

故累计下来的时间价值金额为：148+148+96=392 元。

这金额可以买 100 股上证 50ETF，并余下 135.1 元（392−256.9=135.1），余下的金额可作为下个月再买入的资金。

第三个月则卖出 3 张行权价 2.6 元的实值认沽，以此类推，仓位即可慢慢累积下来。

“重点是每个月到期那周的周一，你开盘前要先算好卖哪个行权价，然后换仓，然后再买入 ETF。”

小风问：“是在真正赚到时间价值前就买入 ETF 吗？”

“是的，因为时间价值终究是你的，虽然我们前 2 日就换仓了，时间价值没有全部得到，所以你保守一点买入也行。为么要这么做呢？由于我们是固定 1 张的定投，没办法在价格低的时候买多一点仓位，价位高时买少一点，但使用期权时，资金是有余的，可以用赚到的钱再投入，也由于并非每个月都能赚钱，所以就用时间价值保守地再投入，否则的话，可以用获利的某个百分比投入也不错。”

小风将时间价值再投入的报酬与原先的报酬相加，发现报酬率可以再增加将近5%。

表6.3 使用期权定投并将时间价值买入ETF的累计损益表

日期	总投入资金	期权定投获利	报酬率	时间价值再投入累计损益	累计买入ETF	期权定投总报酬率
2018/6/25	0	0	0	0	0	0
2018/7/23	15000	279	1.86%	0	0	1.86%
2018/8/20	30000	–1633	–5.44%	–22	100	–5.52%
2018/9/25	45000	3062	6.80%	20	300	6.85%
2018/10/22	60000	2982	4.97%	20	300	5.00%
2018/11/26	75000	–3068	–4.09%	–84	700	–4.20%
2018/12/24	90000	–7178	–7.98%	–435	2400	–8.46%
2019/1/21	105000	109	0.10%	–75	3000	0.03%
2019/2/25	120000	11285	9.40%	1101	3000	10.32%
2019/3/25	135000	9998	7.41%	360	6500	7.67%
2019/4/22	150000	27948	18.63%	2280	7500	20.15%
2019/5/20	165000	3935	2.38%	53	8600	2.42%
2019/6/24	180000	23567	13.09%	2575	9700	14.52%
2019/7/22	195000	22852	11.72%	2168	11000	12.83%
2019/8/26	210000	23160	11.03%	2070	12300	12.01%
2019/9/23	225000	35685	15.86%	2894	12300	17.15%
2019/10/21	240000	43205	18.00%	3377	13800	19.41%
2019/11/25	255000	40944	16.06%	3073	13800	17.26%
2019/12/23	270000	48792	18.07%	2814	17300	19.11%
2020/1/20	285000	63023	22.11%	4180	17300	23.58%
2020/2/24	300000	34763	11.59%	1862	17300	12.21%
2020/3/23	315000	–38107	–12.10%	–5298	19300	–13.78%

续表

日期	总投入资金	期权定投获利	报酬率	时间价值再投入累计损益	累计买入 ETF	期权定投总报酬率
2020/4/20	330000	6069	1.84%	627	23700	2.03%
2020/5/25	345000	11198	3.25%	29	26000	3.25%
2020/6/22	360000	42686	11.86%	4104	28300	13.00%
2020/7/20	375000	91961	24.52%	16599	30700	28.95%
2020/8/24	390000	107509	27.57%	17098	33300	31.95%
2020/9/21	405000	123277	30.44%	17716	38600	34.81%
2020/10/26	420000	125013	29.77%	21069	41400	34.78%

我笑着跟他说："千万别小看这增加的不到 5% 的报酬，随着时间过去，你所持有的仓位会愈来愈大，它可以帮你早几年达成财富自由的目标。"

小风很高兴地说："我从下个月开始加入时间价值复利，明年再和你讨论。"

使用时间价值的再投资，虽然看起来不多，但两年多的时间，也增加了 41400 股的持仓，若能持续下去，仓位累积会加速得更快，因为每个月的换仓再加上每个月的新投入，由时间价值再投入会增加得愈来愈快，这可以让财富增加的速度更快，让你用更短的时间达成目标。

7

财富自由之路

时间过得真快，一周的大理之行即将结束，静静和小刘竟然很巧地买到了同一班返程的飞机。

离开的前一天，客栈三人做了一大桌子菜给他们两个饯行。

小刘分别给老徐和自己倒上酒，真心道："谢谢徐老板，在您这受益匪浅。"

静静紧随其后："我也长见识了，这一趟回去值回票价，您的房费真不贵。"

众人想起前几天打牌的"黑店"梗哄堂大笑。

老徐接受敬酒，谦虚内敛："别客气，相逢即是缘，如果能帮上你们我也很高兴。"

静静在欢声笑语中看着周围熟悉的脸庞，内心充盈满溢，再也不复来时的低落。她还记得刚来那几天心情灰暗，连出去游山玩水都因为赔钱太凶而提不起精神，当时还只知道股票，一心想着赚快钱，把所谓的专家的话奉为圭臬，现在她却对计划和风险有了更深的认识，浮躁的心也逐渐沉静。静静惊觉自己的成长和变化，她暗暗想：回去好好做计划，一边努力工作，一边坚持定投……前途渐渐光明，甚至看到了财富自由的一线曙光。

小刘看着静静掩饰不住的笑容，忍不住问她，声音是自己都没有察觉的温柔：“想什么这么开心？”

静静抬头看着小刘笑靥如花：“在想财富自由，退休养老。”

老徐也好奇地问：“你们觉得要如何才算是财富自由呢？”

小刘无欲无求地说：“每个月还完房贷车贷也不用饿肚子，生活过得去就可以了。”

静静瞪大眼睛看着小刘：“刘同学，你这也太没有追求了吧？我还希望至少每个月可以和好姐妹去吃一个美美的下午茶，每年能够出一次国，至少能好好地善待自己，做想做的事！”

两个人说完不约而同地看向老徐，仿佛在等待他的裁判。

老徐微微一笑：“每个人的标准都不一样，若是一般正常情况的话，我觉得被动所得能够维持生括所需或超过上班的正常所得即可。”

“被动所得？”

“就是你不需要持续投入精力和劳动，依然能获得的收入，不管睡觉、生病还是出去玩，都能有一定收入。比如你写了本畅销书，一次投入，每年能不断地收入版税；你买了个房子，能不断收入房租；你投资一家公司，每年不断有分红……”老徐看向静静，猜中她心中所想，“你可能在想，炒股是不是被动所得。我只能说有一小部分是，比如长期投资者买入并持有的股票分红。其实一般的交易者得到的根本不是一种被动收入，因为你每天持续投入了大量的精力，主动交易中一般的交易者需要在工作日做短线交易，他们根本走不开。这些精力要去做别的事，说不定能产生更多收益。在很多领域，持续投入10年精力和时间，足以做成很多大事，但在交易领域，许多人10年还没真正入门。**是否是被动所得，最简单的分辨法是，你想拥有一台赚钱机器，还是自己成为赚钱机器呢？**”

小刘点头称是，很容易就接受了“被动所得”的概念，静静想到自己为炒股付出的时间、精力甚至情感，心痛不已。

“被动所得超过上班所得……这对我来说太不容易了吧，”静静很快恢复，她回顾过去畅想未来，“我一个月有时赚得很多，有时赚得很少，说不定过两年我大红大紫后，一年赚钱多得我自己都想象不到。”

小刘笑着摇头："有梦最美，希望相随……希望你的梦想不会是个白日……"

话没说完就被静静塞过来的小馒头堵住了嘴巴。

老徐着看着两个人打情骂俏觉得十分有意思，经过这几天的相处二人已经相当熟了，从陌生人到能开玩笑的朋友，除了环境使然估计还有性格互补……

静静放下筷子的响声打断了老徐内心的八卦，他清了清嗓子继续说："其实我们可以使用倒推的方式来看。"

小刘和静静颇有兴致地一起朝老徐看了过来。

老徐道："我有一个朋友，他说财富自由是指你银行存款利息的利息能够支付你日常的生活所需，但要用这个标准，达到财富自由可能是很多上班族一生都难以达到的梦想。比如说，你一年需要 25 万元去覆盖日常开支，假设银行一年期利率是 5%，那么多少存款才能达到这个要求？计算出来是一个亿。所以按这个标准你可能要有 1 亿元才能达到财富自由，听到这个数字我们可能对财富自由再也没有指望了。"

$$(100{,}000{,}000) \times 5\% \times 5\% = 250\ 000$$

静静刚热起来的心蓦地一凉。

"这个标准过于严苛，其实我觉得被动所得超过主动所得的一定金额即可，"老徐欲扬先抑，"定投 ETF 可以说是完美的被动所得，因为你不用很辛苦地去择时，很辛苦地去研究一些公司的财报，你所花费的精力是相对较少的。”

“但是要多少的金额才够呢？”

“假设我们A股长期平均的报酬是7.5%，所以若是我们有1000万的投资在，平均每年就可以给我们提供75万的金额，如此大概就能有一个不错的生活品质，至少在正常情况下生活不会变得更差。”

静静上网使用了基金定投计算器算了一下，有点失望地说：“但是在年报酬7.5%的情况下，每月投资5000元居然要35年才能要存到1000万元，那时我都要60岁了。”

老徐笑着说：“所以我们要适度使用杠杆，我们要有复利的投资方法，这样可以使年限降低至20多年，40多岁实现财富自由，也算是不迟呀，不要像我走了许多冤枉路，白白绕了一大圈。况且现在年轻时有工作也是挺好的，太早每天游山玩水会无法融入社会的。”

静静瘪着嘴表达不满。

“还有你可能没有意识到这两点，一是五六十岁退休之后，你的生活水准可能并不高，退休金其实没有多少，或者说你还没退休就失业了，这些都是要考虑的情况，50岁退休稳稳地拿退休金养老只是理想状态。所以说这种投资也算是具有增值性质的保险。”老徐用过来人的口吻说道，“另一方面可能是，它能够让你比同龄人都早而且质量高地过上一个准退休或者退休生活。或者是，有这样一笔存款在，什么时候这份工作你不高兴了，不想做了，有随时可以辞职的底气，它是一种能带来自由的安全感。”

小刘淡定地对静静说：“投资没有快捷方式，只有持续不断地坚持才行，这跟买房子每个月要付贷款一样，未来每个月随着所得的增加，会越来越轻松的。”

静静“哼”了一下，但心里也是同意的。

小知识

为什么定投 ETF 根本不需要交易？

现在一般的券商或银行，只要设定定时定额的基金投资，可以设定每个月扣款，或每周扣款，甚至于每日扣款，都可以自动执行，到了设定的投资期限或是目标报酬再通知你。所以只要预先设定标的、频率及定投金额或预期报酬，根本不需要交易，就像是缴房贷或是买储蓄型保险一样，时间到了自动完成这件事，所以根本不需要交易。

虽然许多人对财富自由的定义不一样，但大致上都指向到钱足够多的前提上。简单来说，**财富自由就是有足够多的时间和足够多的钱做你想做的事情。在“基本”的生活需求得到“持续”保障的前提下，有足够的资本可以“自由”地投入到“该”做的事情中！**

老徐看着大家兴高采烈地说着，并对未来充满美丽的希望，心中迟疑了一下，但忍不住又开口提醒大家：“这件事说起来容易，但是做起来却没有想象中容易。太多人把投资这件事当成小打小闹，只拿出一点来玩一下，亏了就算了，赚了就赚到了，殊不知，这件事才是人生中重要且困难的事呢。因为要坚持几十年完成一件计划，这可要有信心、决心和耐心才能完成，希望大家能坚持到底。”

“那就祝大家早日实现财富自由！”老徐举杯调动气氛。

“干杯！”

饭后年轻人在收拾饭桌上的残局，老徐一个人坐在沙发上想着，现在说教起来头头是道，自己年轻时怎么一直在犯错呢？如果当时能够知道在年化比固收好的基础下持续地投入 ETF，遇到低档而未来更确定的时候，加大投资力度，或者使用适度杠杆，现在的局面可能就不是这样子了。

但现在也不算太差。看了一圈自己热热闹闹的客栈，老徐心中满足，面露微笑，他又想起西施妹妹的笑容和她手艺了。

饭也吃完，酒也喝完，地面纤尘不染，桌面光可照人，静静和小刘仍留在一楼不想离去，老徐一杯一杯饮茶，心中也有离别的伤感。

静静看着角落里的音响设备心下一动："我给你们唱首歌怎么样？"

小刘这才记起静静曾经也是很火的唱歌主播。

静静很快调出曲目，回头发现小刘正笨拙地帮她调试音响和麦克风，认真起来还是有那么一点魅力……她收起不知什么时候就上扬的嘴角，不自在地移开视线在高脚椅上坐好，忽然想起他们到现在连个联系方式都没有……

复古的旋律响起，竟是一首很老的歌：

曾经真的以为人生就这样了

平静的心拒绝再有浪潮

斩了千次的情丝却断不了

百转千折它将我围绕

有人问我你究竟是那里好

这么多年我还忘不了

春风再美也比不上你的笑

没见过你的人不会明了

是鬼迷了心窍也好

是前世的因缘也好

然而这一切已不再重要

如果你能够重回我怀抱

是命运的安排也好

是你存心的捉弄也好

然而这一切也不再重要

我愿意随你到天涯海角

虽然岁月总是匆匆的催人老

虽然情爱总是让人烦恼

虽然未来如何不能知道

现在说再见会不会太早

……

静静扶着麦在台上，声线清澈，眼神忧郁又迷人，虽然没有几十年的人生阅历，但她年轻的音色却把这首歌唱出了自己独特的味道。

和老徐并肩坐在台下，离别的氛围笼罩下，小刘甚至眼眶发酸，几天的时间仿佛眨眼即过，他现在忽然舍不得走了，歌词为什么这么写实呢，现在说再见是不是太早……

夜已经深了，小刘和静静在老徐的催促下回房休息，他们慢腾腾地并肩迈上台阶，短短的一段路走完，到了分别的楼梯口，谁也没有转身。小刘深吸一口气，终于鼓起勇气：“静静。”

静静疑惑地回头看向他，眼神里却带了点希冀。

“加个微信吧，”小刘拿出手机，笑容干净又诚恳，“我扫你。”

天下没有不散的宴席，因为约好了下次重聚的时间，分别时大家都比想象中要更洒脱。

作别老徐，小刘拿着静静的大件行李：“走吧，明天又是新的一天了。”

“你知道我回去要做的第一件事是什么吗？”静静俏皮地看向他，和现在的朝阳一样朝气蓬勃。

“同意我的好友申请？”小刘笑容中带着自己都没有意识到的宠溺。

“是去做我自己的 ETF 定投计划！”因为你的好友申请我刚刚已经通过啦。

老徐的故事　老蔡的财富自由

要多少钱才算财富自由？每个人的想法都不一样。

我有一位交易员的朋友退休了，他说他获得了财富自由，因为他不用再上班了，不用再看老板的脸色了。可是他每天仍要看盘超过8小时，为他自己的钱每年赚取约20%的“稳定报酬”。我不知道这算不算财富自由。

我的一位年纪比我大10岁的前领导叫老蔡，在我进入这一行的时候他是经纪业务的主管，那时我在研究部门。他常常对我说：“小老弟，发薪水的时候，留下一些钱，存些股票，就算钱不够多，买一些零股存下来也好，以后你就有钱了。”我不了解他对我说这些话时是什么意思。后来我才知道，因为他在经纪部门，看过太多新进来的员工炒股亏了不少钱，出来工作数年不但没有赚到钱，反而有了负债。而许多客户也因为炒股亏了不少钱，但真正有钱的客户都是长期投资，且股票愈累积愈多。但当时我真的不太了解，我可是一位有为的年轻人。

在2000年的网络泡沫行情中，许多人“曾经”身家都上百万，甚至千万，但当海水退潮后，许多网络概念股跌幅都超过50%以上，甚至有些公司不复存在，使当时很多人变得一无所有，甚至负债。我也在这一波行情受到重创，心情低落。这时老蔡过来安慰我说：“股市涨跌是常态，你要趁这个机会，多存些ETF，到时候行情再涨到

10000 点，不就有钱了？”

我心想：“现在才 4000 点，要涨到 10000 点，不知何年何月？我可等不了那么久。”

我在公司升迁的速度很快，几年后已经升上了研究部门的主管。当时有一点看不上这位领导的能力，虽然这位领导人很好，但每天就抽着烟，穿着旧旧的西装，版型看起来也不是什么好的品牌，每天开完会后，就躲在办公室和人聊天及睡觉，真是典型的油腻中年大叔，金融业那么高端的产业，怎么会有这样的人寄身其中呢？我一定不要成为这样的人。

但这位前领导对我仍然不错，常常指导我，要如何定存 ETF：“现在 ETF 很多，高息值或消费类的都不错呀。趁现在指数还很低的时候，快点多存一些。”

我不知道为什么他总和我说这些事，可能是他觉得我这年轻人很不错，工作勤奋，待人有礼，比较好相处吧。可是我不喜欢那么低端的投资方法，我希望当交易员，靠本领在市场上赚大把的钞票。

我后来调到证券母公司，进入了自营部门，也因为工作的原因，和他也渐渐愈来愈少联络了。存股这件事我一直是有印象的，只是对交易员来说，存股致富是一种浪费，我们自认有更好的方法，更快的弯道超车方式。

2009年，听说他要退休了，我在公司的位置已经比他高了好几级，我请他和几位以前的老同事在忠孝东路的永福楼吃饭。我问他："你现在还不到50岁，还可以再做很多年，为什么那么早退休呢？"

他说："现在的资产已经够了，公司要年轻化，老婆小孩都在澳洲，我也想早点过去，反正现在又不缺钱，过去25年的存股，现在已经可以好好享受一下了。"

我满脸怀疑地问他："存股真的能赚那么多？"我再以开玩笑的口吻说："你不说，别人还以为你贪污了公司的钱逃去澳洲了呢？"

老蔡一脸正经地说："只要你在股市低档时不断存股，等到股市暴涨时再卖掉，反复两次就可以退休了。"

我接着问："股市暴涨是什么意思？你不怕卖得太早吗？"

老蔡说："我每个月不间断地存股，每当股市只要两个月内上涨30%以上，或是累计获利翻倍，我就卖掉，然后再重新加倍定期存股，如果行情跌回10%以上，我再将卖掉的股票买回存起来，目前运气很好，没有买不回来的情况，况且这20年遇到的危机可多了，1998年亚洲金融风暴、2000 年网络泡沫，2008 年的金融海啸，这些机会都让资产翻了一倍。”

他又笑了笑对我说：“特别是 2008 年这一次，因为股票市场的下跌幅度深，回调时间够长，反而是我存股赚最多的一次。”

我不知道我这些年的努力是对是错。老蔡轻轻松松就达到了财富自由的境界，而我仍在为想多赚一些钱而积极努力，深怕在行情中犯小错而亏大钱。我不想变成的人却做到了我想做到的目标，这可能是一个很大的讽刺。

过了很多年，我也开始做老蔡以前做的事情：存股。虽然起步有点晚，但已小有成效。还记得他常常在说：“这件事很简单，就是每个月一个简单的循环而已。”

“存下一定比例的钱。”

“使用存下的钱存股。”

“想法子增加收入。”

“从增加的收入中拿出一定比例再存股。”

只要有足够多的钱变成存股就好了。

这么简单的事，他老早就和我说了，我能早一点做就好了。

附录　新手上路

ETF 定投怎么开户?

开户有很多种渠道可选择，你可以去基金公司，去证券公司，或者不用开户也可以做，比如在第三方平台直接购买。

总体来讲还是券商开户更好。有的品种在第三方上不能买，而且在券商开户有个好处，你可以盘中立即卖出去，成交到你想要的任何市场价格，不用等到下午收盘的结算价。

比如沪深 300ETF 现在的价格是 4.5 元 / 股，你想在 6 块钱的时候全部卖掉，你就可以用软件挂着，不用等他们用收盘价去帮你结算基金净值是多少。

以下以方正证券公司的开户流程举例：

第一步：手机应用商店下载证券公司的小方 APP。

第二步：进入网上开户流程。

第三步：按照 APP 指示完成动作，其流程包括：验证手机、选择开户营业部、上传身份证正反面并验证成功、上传面部照、确认个人信息、确认开户及券商协议、视频认证及上传、选择开通服务、三方存管银行选择、风险评测、问卷回访、开户适当性及确认、完成开户。

验证手机
手机号
图形验证码
5478
短信验证码
获取验证码
推荐人
请填写手机号（非必填）
返回

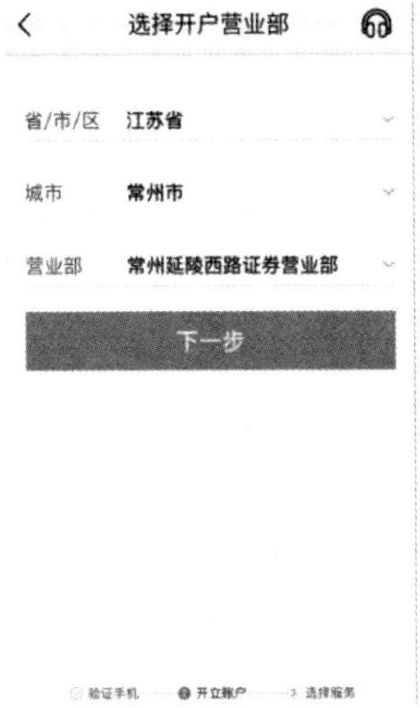
选择开户营业部
省/市/区
江苏省
城市
常州市
营业部
常州延陵西路证券营业部
下一步
验证手机
开立账户
选择服务

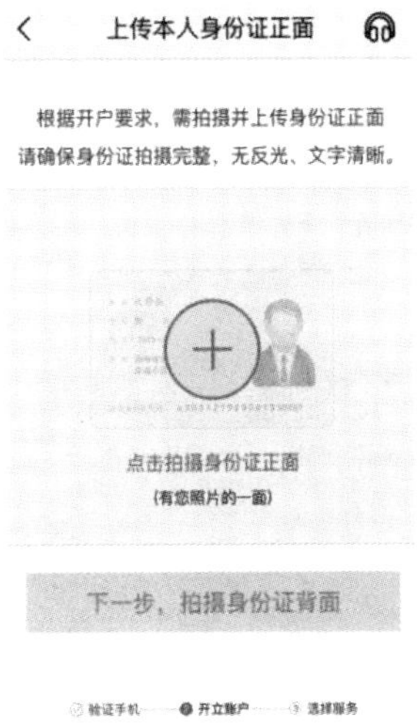
上传本人身份证正面
根据开户要求，需拍摄并上传身份证正面
请确保身份证拍摄完整，无反光、文字清晰。
点击拍摄身份证正面
(有您照片的一面)
下一步，拍摄身份证背面
验证手机
开立账户
选择服务

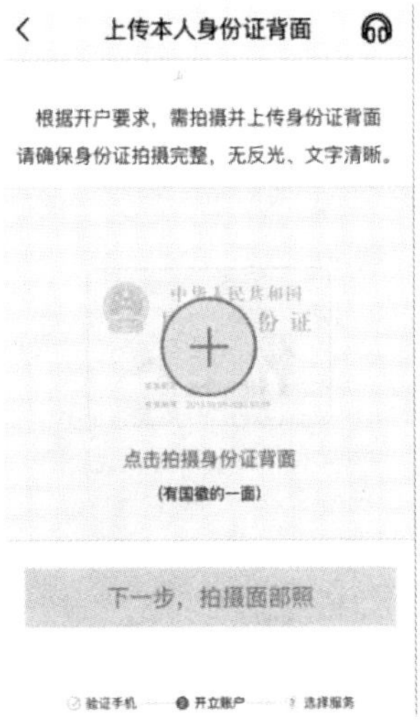
上传本人身份证背面
根据开户要求，需拍摄并上传身份证背面
请确保身份证拍摄完整，无反光、文字清晰。
点击拍摄身份证背面
(有国徽的一面)
下一步，拍摄面部照
验证手机
开立账户
选择服务

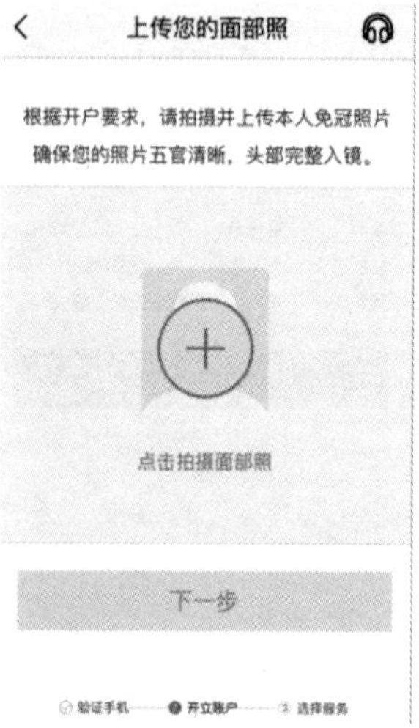
上传您的面部照
根据开户要求，请拍摄并上传本人免冠照片
确保您的照片五官清晰，头部完整入镜。
点击拍摄面部照
下一步
验证手机
开立账户
选择服务

确认个人信息
姓名
身份证号
签发机关
嘉兴市公安局
证件地址
所在地区
请选择...
街道/镇
请选择...
详细地址
请输入...

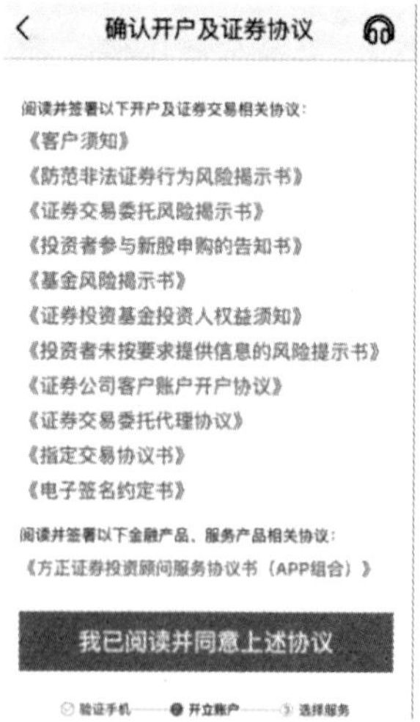
确认开户及证券协议
阅读并签署以下开户及证券交易相关协议：
《客户须知》
《防范非法证券行为风险揭示书》
《证券交易委托风险揭示书》
《投资者参与新股申购的告知书》
《基金风险揭示书》
《证券投资基金投资人权益须知》
《投资者未按要求提供信息的风险提示书》
《证券公司客户账户开户协议》
《证券交易委托代理协议》
《指定交易协议书》
《电子签名约定书》
阅读并签署以下金融产品、服务产品相关协议：
《方正证券投资顾问服务协议书（APP组合）》
我已阅读并同意上述协议
验证手机
开立账户
选择服务

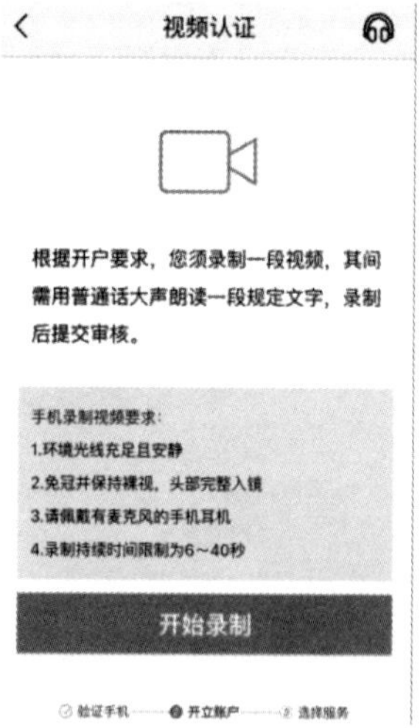
视频认证
根据开户要求，您须录制一段视频，其间需用普通话大声朗读一段规定文字，录制后提交审核。
手机录制视频要求：
1.环境光线充足且安静
2.免冠并保持裸视，头部完整入镜
3.请佩戴有麦克风的手机耳机
4.录制持续时间限制为6～40秒
开始录制
验证手机
开立账户
选择服务

选择开通服务
请点选您要开通的业务（可多选）
深A
沪A
深基金
沪基金
下一步
验证手机
开立账户
选择服务

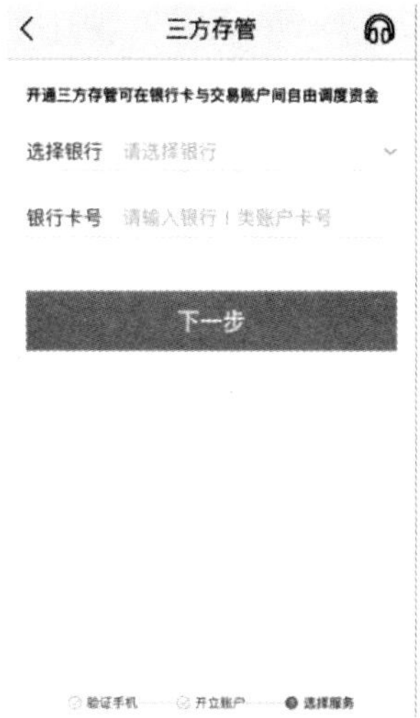
三方存管
开通三方存管可在银行卡与交易账户间自由调度资金
选择银行
请选择银行
银行卡号
请输入银行Ⅰ类账户卡号
下一步
验证手机
开立账户
选择服务

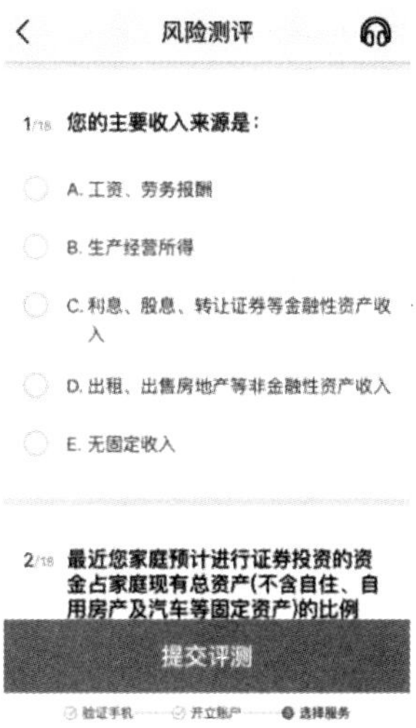
风险测评
1/18 您的主要收入来源是：
A. 工资、劳务报酬
B. 生产经营所得
C. 利息、股息、转让证券等金融性资产收入
D. 出租、出售房地产等非金融性资产收入
E. 无固定收入
2/18 最近您家庭预计进行证券投资的资金占家庭现有总资产(不含自住、自用房产及汽车等固定资产)的比例
提交评测
验证手机
开立账户
选择服务

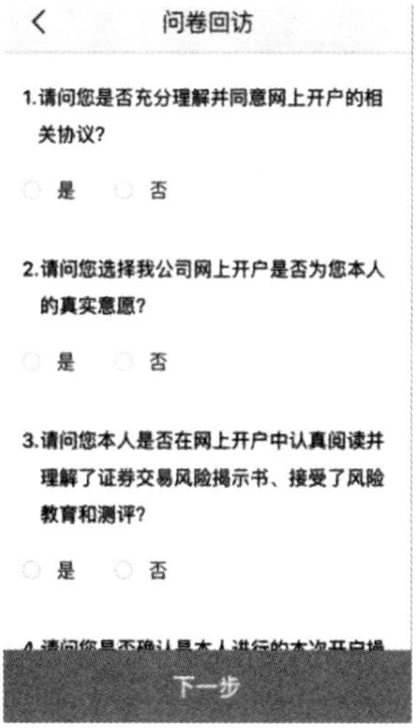
问卷回访
1.请问您是否充分理解并同意网上开户的相关协议?
是
否
2.请问您选择我公司网上开户是否为您本人的真实意愿?
是
否
3.请问您本人是否在网上开户中认真阅读并理解了证券交易风险揭示书、接受了风险教育和测评?
是
否
下一步

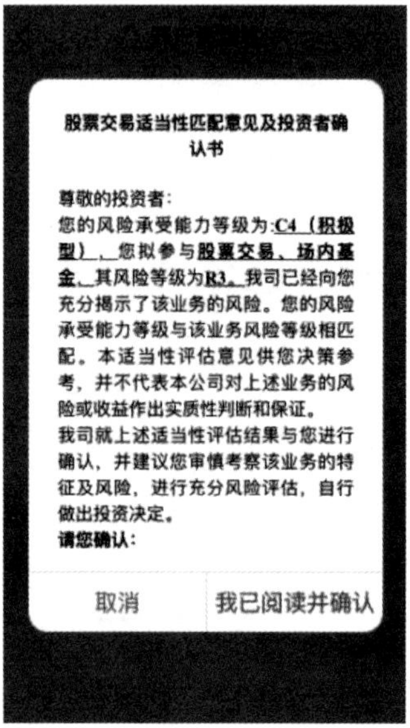

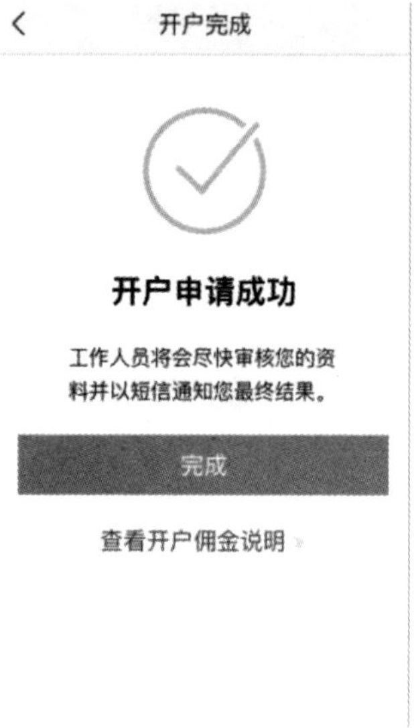

开户后如何进行 ETF 定投操作？

我是一个期权小白，要如何在手机上设置定投呢？

其实每一家的 App 都大同小异，只是操作上略有差异，现在选取一家证券公司的 App 为例示范一次。

第一步：输入帐号及密码，进入 App 中。

第二步：进入 App 首页，选取最下方右边第二个“理财”项目。

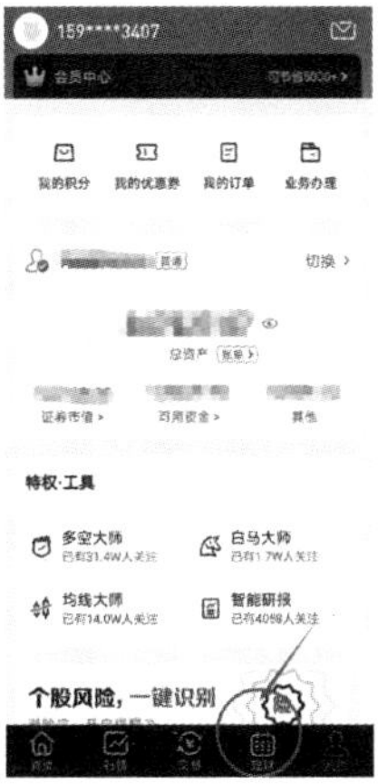

第三步：在“理财”项目中，在手机屏偏左上方找到”基金定投”项目，并点选进去。

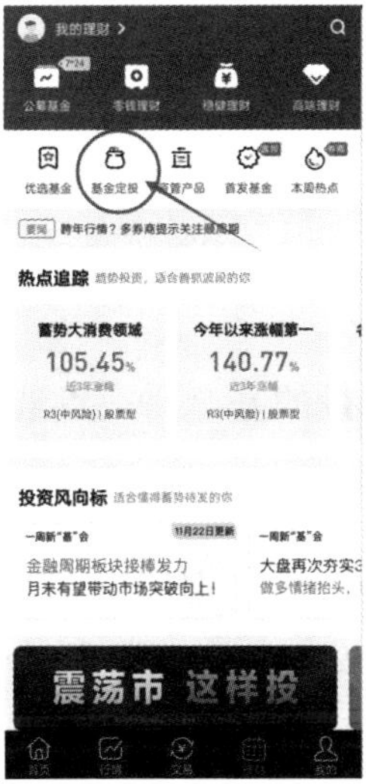

第四步：进入“基金定投”项目后，可用手划动，找到想投的基金标的。

第五步：找到想投的基金后，点选进入后，选择左下方的“定投”，并点入。

在此页面中，可以看到其所追踪的指数与其过去的绩效，您可据此参考该基金过去 1 个月、3 个月、6 个月、1 年、3 年及成立以来的表现。

第六步：选择定投的方式，在此我们可以选“普通定投”，以决定未来定投的周期与金额。

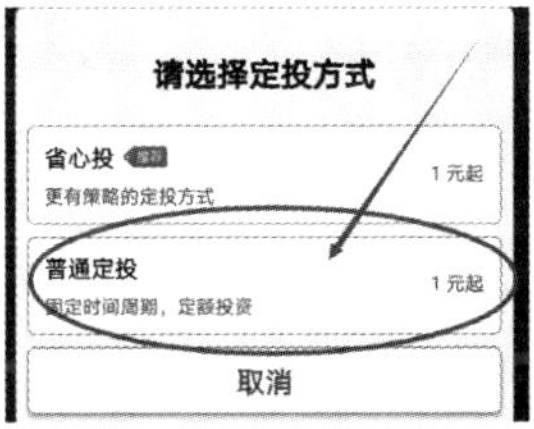

第七步：同意签署产品购买风险提示函、适当性匹配意见、定投业务风险揭示书及该基金的招募说明书等。

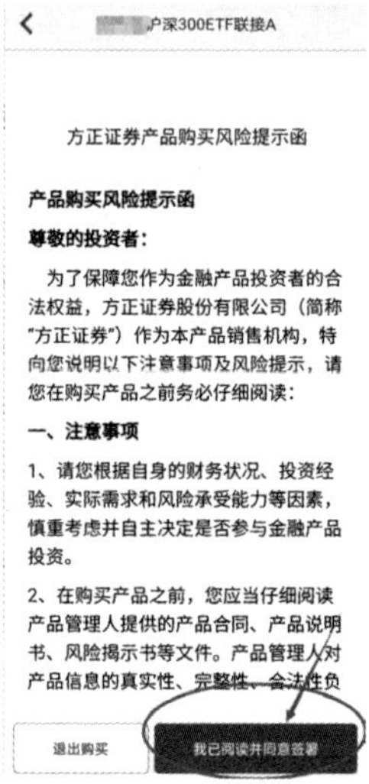
沪深300ETF联接A
方正证券产品购买风险提示函
产品购买风险提示函
尊敬的投资者：
为了保障您作为金融产品投资者的合法权益，方正证券股份有限公司（简称"方正证券"）作为本产品销售机构，特向您说明以下注意事项及风险提示，请您在购买产品之前务必仔细阅读：
一、注意事项
1、请您根据自身的财务状况、投资经验、实际需求和风险承受能力等因素，慎重考虑并自主决定是否参与金融产品投资。
2、在购买产品之前，您应当仔细阅读产品管理人提供的产品合同、产品说明书、风险揭示书等文件。产品管理人对产品信息的真实性、完整性、合法性负
退出购买
我已阅读并同意签署

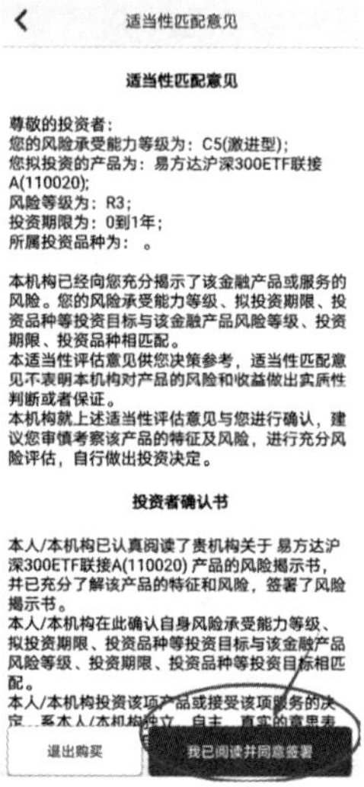
适当性匹配意见
适当性匹配意见
尊敬的投资者：
您的风险承受能力等级为：C5(激进型)；
您拟投资的产品为：易方达沪深300ETF联接A(110020)；
风险等级为：R3；
投资期限为：0到1年；
所属投资品种为：。
本机构已经向您充分揭示了该金融产品或服务的风险。您的风险承受能力等级、拟投资期限、投资品种等投资目标与该金融产品风险等级、投资期限、投资品种相匹配。
本适当性评估意见供您决策参考，适当性匹配意见不表明本机构对产品的风险和收益做出实质性判断或者保证。
本机构就上述适当性评估意见与您进行确认，建议您审慎考察该产品的特征及风险，进行充分风险评估，自行做出投资决定。
投资者确认书
本人/本机构已认真阅读了贵机构关于易方达沪深300ETF联接A(110020)产品的风险揭示书，并已充分了解该产品的特征和风险，签署了风险揭示书。
本人/本机构在此确认自身风险承受能力等级、拟投资期限、投资品种等投资目标与该金融产品风险等级、投资期限、投资品种等投资目标相匹配。
本人/本机构投资该项产品或接受该项服务的决
退出购买
我已阅读并同意签署

沪深300ETF联接A
开放式基金定投业务风险揭示书
尊敬的投资者：为了维护您的权益，请在签署本协议书前，仔细阅读相关条款（特别是含有黑体字的条款），充分了解开放式基金定投业务的相关风险提示。
1、基金投资有风险，决策需谨慎。定期定额投资是投资者进行长期投资、平均投资成本的一种简单易行的投资方式。但是定期定额投资并不能规避基金投资所固有的风险，不能保证投资者获得收益，也不保证投资者本金不受损失。也不是替代储蓄的等效理财方式。投资者应充分了解基金定期定额投资和零存整取等储蓄方式的区别。投资基金也可能存在因暂停赎回或巨额赎回导致
退出购买
我已阅读并同意签署

沪深300ETF联接A
退出购买
我已阅读并同意签署

第八步：请设定好扣款周期、扣款日期及定投金额。

在选择扣款周期中，若我们选择每个月扣款，则在每月的字右方圆型选项中选择。

接下来可选择您可以投资的日期，例如，您在每个月10日发薪水，故可上下划动至11日，并在日期右方点选。

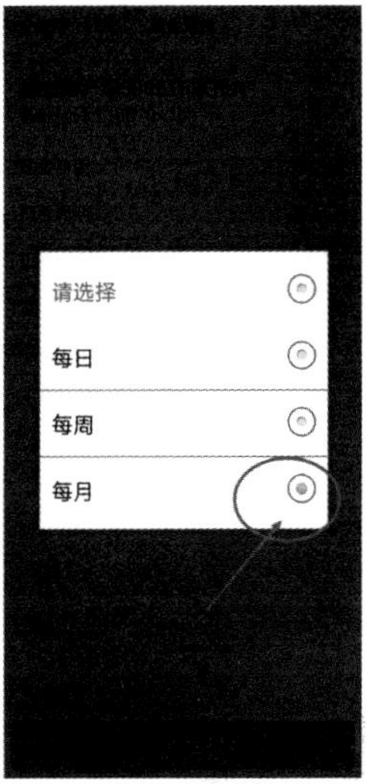

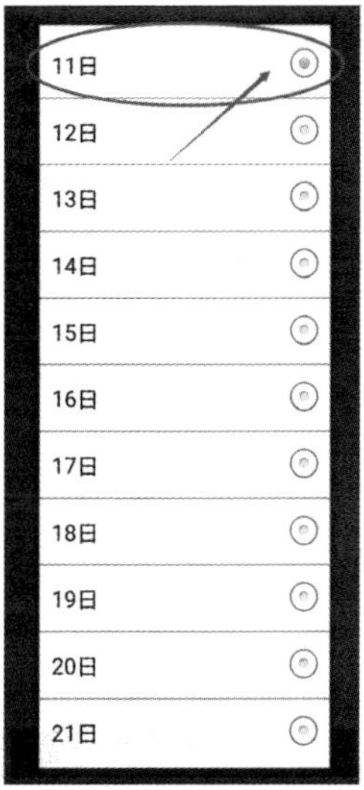

接下来再选择定投金额，可在定投金额处输入您每次要投资的金额，完成后可按下方的“立即定投”。

第九步：按下“确定定投”即可完成定投手续动作。

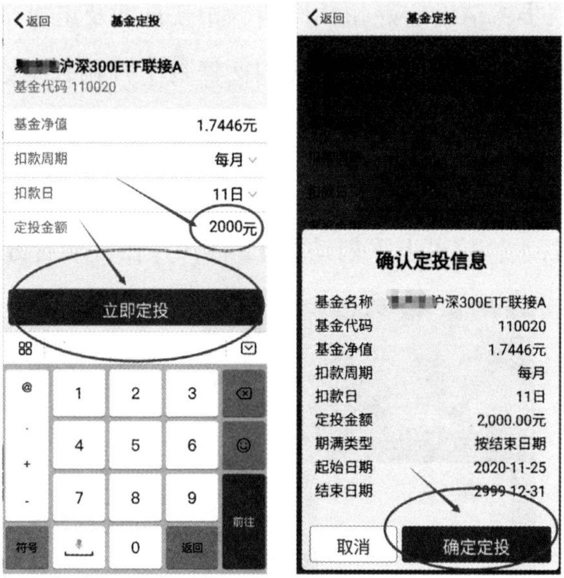

我已经设定好定投了，但要取消定投、赎回或改变定投周期或日期怎么办？

未来若要取消定投、赎回或改变定投周期或日期，均可在“我的理财”中，点选已投的项目中做变更。

第一步：在理财项目中，点选最上方“我的理财”。

第二步：在“我的定投”项目下点入：

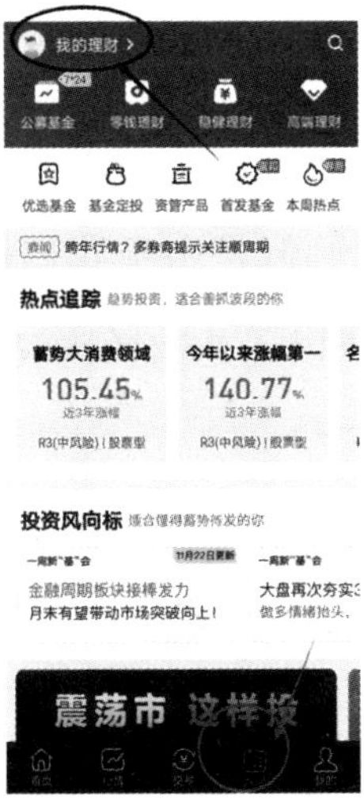

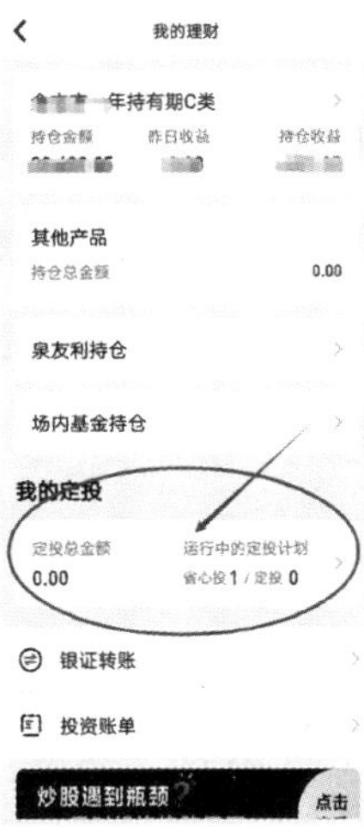

第三步：点击“查看详情”。

第四步：进入后即可修改或终止其项目。

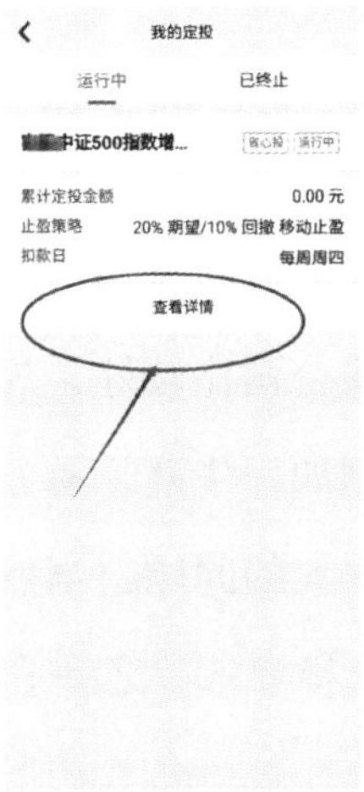

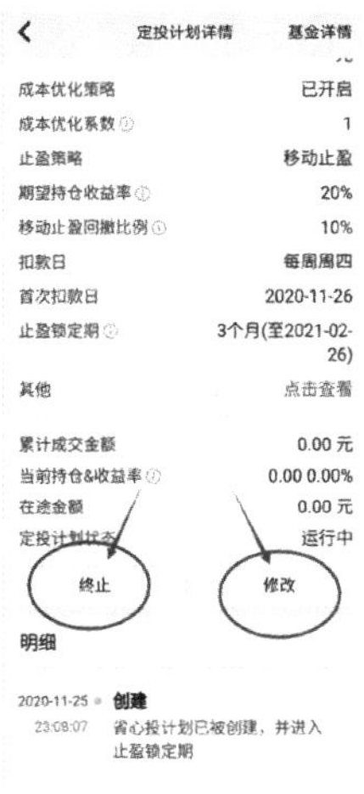

怎么选择基金管理公司？

因为 ETF 是一个被动型的产品，所以理论上来说不同公司管理的 ETF 差别不会很大。但是由于我们做的是一个长期投资，投资时间比较长，所以还是选择比较大的基金管理公司会比较好一点。

另外一点，因为我们有时候要做一些套现的动作，所以流动性好也是我们选择时的关注点之一。当然，规模较大和流动性好通常都蛮有一致性。

既然公司大、流动性好，那么它们的追踪误差应该也会相对小一点，所以你在投资上可以得到一个比较好的效果，你在套现的时候不会发生较大升、贴水的情况。比如说整个指数涨了很多，但是我赚的钱却跟实际上差别很大。当然如果资金够大的话，透过申购赎回的一个动作在实务上也是可行的，但是那会相对比较麻烦一点。

对于哪些公司比较大，哪些公司比较好，规模较大，排名前几名的都是可以选择的。例如，华夏、易方达、富国基金、富邦方正等，它们都没有太大的问题，当然自己附近是否有基金公司的营业场所也是选择参考项之一。

延伸阅读

国内第一本小说体期权交易实战指南

➡《我当交易员的日子：期权波动率交易核心策略与技巧》

作者：徐华康　王美超

* 国内罕见的“小说体”期权交易实战指南

* 浓缩两位操盘无数的期权“老鬼”的期权波动率交易经验，说透期权波动率交易的核心策略与技巧。

* 经验丰富的一线期权交易员在期权波动率交易中的所思、所想、所感、所悟，真实再现中国股票期权市场诞生以来的机会与风险。

延伸阅读

比《华尔街幽灵》更真实，比《海龟交易法则》更有效

➡《交易的真相》

作者：极地之鹰

＊毫不吝啬地和盘托出在交易之路上的经验和教训，层层递进地指出交易历程中存在的误区，一层层地剥掉投资领域里随处可见的“皇帝的新衣”，让“交易的真相”水落石出

*9年交易经验的交易员作者在书中完整公开了自己价值千金的交易系统，并经过历时半年的实验证明其有效性

＊言简意赅，不啰嗦、不堆砌，通篇干货，思人所不能思，写人所不敢写

知乎作者赛博格 Cyborg 对交易系统框架、原理及构建的完美阐释

➡《交易的逻辑与艺术》

作者：陈侃迪

＊作者将自己近年来在交易之路上的经验总结毫不吝啬地与读者分享，书中关于交易系统的四种情形和临界点、交易中不可能三角的描述分析，是国内难得的关于交易系统底层逻辑的原创思考

＊只要在市场交易，你的交易系统就和市场状况、基本假设及仓位资金管理脱离不了关系，本书给了我们交易人最深刻的心灵深处的问题的解答

延伸阅读

➡《乌合之众：大众心理研究》

“《乌合之众》是一本可怕的书，他将社会大众的心理阴暗面毫不掩饰地暴露在阳光之下，别有用心的人甚至可以利用群体的种种心理弱点作为其权力与财富的抓手。”

——“金融大鳄”索罗斯

➡《大癫狂：非同寻常的大众幻想与群众性癫狂》

“数学不能控制金融市场，而心理因素才是控制市场的关键。更确切地说，只有掌握住群众的本能才能控制市场，即必须了解群众将在何时以何种方式聚在某一种股票货币或商品周围，投资者才有成功的可能。”

——“金融大鳄”索罗斯

“只要如此愚蠢的行为能够继续存在下去，那么一个真正理性的投资者始终有望利用大众的疯狂为自己谋利。具有常识的个体很容易觉察到集体的疯狂，个体将会借此获取巨额的利润。”

——查尔斯·麦基